高等职业教育国际经济与贸易专业系列

新编国际市场营销

曹 倩 主 编
岳士凯　王丽丽　副主编

微信扫描
获取课件等资源

南京大学出版社

内 容 简 介

本书为满足新形势下高职院校教学改革对外贸商务类、经济管理类专业学生的需求而编写。本书共有8章,主要包括:国际市场营销概述、国际市场调研、国际市场营销环境分析、国际目标市场、国际市场营销产品策略、国际市场营销定价策略、国际市场营销渠道策略、国际市场营销促销策略等内容。

本书图文并茂,案例丰富,条理清晰,易于阅读,并强调实际操作,注重学生动手能力的培养,可作为高职院校外贸商务类、经济管理类专业教材,也可作为相关岗位的社会培训教材。

图书在版编目(CIP)数据

新编国际市场营销 / 曹倩主编. -- 南京：南京大学出版社,2020.4
ISBN 978-7-305-22938-1

Ⅰ. ①新… Ⅱ. ①曹… Ⅲ. ①国际营销－高等职业教育－教材 Ⅳ. ①F740.2

中国版本图书馆 CIP 数据核字(2020)第 029782 号

出版发行	南京大学出版社
社　　址	南京市汉口路 22 号　　邮编　210093
出版人	金鑫荣

书　　名	新编国际市场营销
主　编	曹　倩
策划编辑	胡伟卷
责任编辑	胡伟卷　武　坦　　编辑热线　025-83592315
印　　刷	南京京新印刷有限公司
开　　本	787×1092　1/16　印张　10.5　字数　211 千
版　　次	2020 年 4 月第 1 版　2020 年 4 月第 1 次印刷
ISBN	978-7-305-22938-1
定　　价	32.80 元

网　　址：http://www.njupco.com
官方微博：http://weibo.com/njupco.
微信服务号：njuyuexue
销售咨询热线：(025) 83594756

* 版权所有,侵权必究
* 凡购买南大版图书,如有印装质量问题,请与所购图书销售部门联系调换

前 言

市场经济的发展和现代化建设,不仅需要大量研究型人才,还需要更多的从事"第一线"工作的技能型人才。同时,随着我国加入世界贸易组织,我国与世界各国和企业的联系越来越紧密,各个行业所面临的竞争越来越激烈。我国企业要增强在国际市场上的竞争力,不但要有大批直接从事国际市场营销活动的专门人才,而且要求企业一般工作人员也必须懂得国际市场营销的相关知识。因此,我们编写了本教材,为高职院校培养相关人才提供一定的借鉴。

本教材吸收现有市场中国际市场营销类教材的优点,并在此基础上突出了自身的特点。一方面,结合高职院校教学要求和教学特点,在理论学习的基础上,以具体的工作岗位为导向,注重对学生能力的培养;另一方面,以能力为本位,充分满足职业能力培训的需要,以各种案例及问题的方式切入,希望学生能够边学边思考,注重在学习过程中互动,让知识学习与能力的培养同步进行。在内容的选取方面,本教材将知识传授贯穿于能力培养过程之中,体现了工学结合的特点。

本教材对高职院校教师的教学和学生的学习非常有帮助,具体表现在:第一,本教材针对每个重点、难点知识都有相应的案例,以辅助教师教学,帮助学生理解知识;第二,本教材每章都有相应的专有名词,帮助学生在了解国际市场的过程中,拓展相应的词汇,同时配有相应的小知识,有利于拓宽学生的知识面;第三,每章都有单项选择题、问答题(或简述题)和案例分析题,帮助学生巩固相应的知识点。

本教材由广东工贸职业技术学院曹倩担任主编,临沂职业学院岳士凯、丽水职业技术学院王丽丽担任副主编,曹倩负责统稿。具体编写分工如下:曹倩编写第五、六、七、八章,岳士凯编写第三、四章,王丽丽编写第一、二章。在编写过程中借鉴了国内外的大量经典著作、教材及相关报纸和网站,在此对这些作者表示衷心的感谢!

由于编者编写水平有限,缺点和不足之处难免,敬请批评、指正。

编 者
2020 年 4 月

目 录

第一章 国际市场营销概述 / 1

    第一节 国际市场营销的内涵 / 2
    第二节 国际市场营销要素 / 7
    第三节 国际市场营销人员的基本素养 / 11
    习题 / 15

第二章 国际市场营销调研 / 17

    第一节 国际市场营销调研的概念与步骤 / 17
    第二节 国际市场营销调研的主要内容 / 19
    第三节 国际市场营销调研的方法 / 22
    第四节 国际市场营销调研问卷的设计 / 25
    习题 / 29

第三章 国际市场营销环境 / 31

    第一节 国际市场营销环境概述 / 32
    第二节 国际市场营销宏观环境 / 33
    第三节 国际市场营销微观环境 / 40
    第四节 贸易国（地区）商业习惯分析 / 45

    习题 / 48

第四章 国际目标市场的细分与选择 / 50

    第一节 国际目标市场的细分 / 51
    第二节 国际目标市场的选择 / 55
    第三节 国际目标市场定位 / 58
    第四节 国际目标市场进入模式选择 / 61
    习题 / 67

第五章 国际市场营销产品策略 / 69

    第一节 国际市场营销产品组合策略 / 70
    第二节 产品的生命周期 / 77
    第三节 国际市场营销品牌策略 / 80
    第四节 国际市场营销包装策略 / 86
    习题 / 90

第六章 国际市场营销定价策略 / 93

    第一节 国际市场营销定价目标及影响因素 / 94
    第二节 国际市场营销定价方法 / 96

第三节　国际市场营销的定价策略／101

第四节　国际市场营销定价遇到的问题／107

习题／110

第七章　国际市场分销渠道策略／113

第一节　国际市场分销渠道的概念／114

第二节　国际市场分销渠道策略／118

第三节　国际市场分销渠道管理／123

习题／130

第八章　国际市场营销促销策略／132

第一节　国际市场营销促销策略概述／133

第二节　国际市场营销人员推广策略／136

第三节　国际市场营销广告推广／142

第四节　国际市场营销营业推广／149

第五节　国际市场营销公共关系／153

习题／159

参考文献／161

第一章
国际市场营销概述

学习目标

本章主要介绍了市场营销的含义、国际市场营销的内涵、国际市场营销的要素、国际市场营销人员的基本素养等。通过本章学习,希望学生具备以下能力。

1. 认识市场营销、国际市场营销的基本内涵,明确国际市场营销各要素。
2. 了解国际市场营销与国际贸易、国内市场营销的差异,了解企业开展国际市场营销的动因。
3. 树立科学的国际市场营销观念。
4. 养成国际市场营销人员应具备的基本素养与职业操守。

导入案例　金龙集团开拓国际市场

2010年,金龙集团的铜管年产量接近40万吨,毫无疑问地成为世界最大的制冷铜管供应商。此前,国内市场已成为金龙集团的销售市场。同时,金龙集团也开始积极进行国外布局,并于2008年4月在墨西哥建厂。该工厂于2009年10月正式投产。意料之外的是,金龙集团本希望借助墨西哥可以辐射全美洲市场的策略,遭受到美国的反倾销政策抵制。

为了开辟新的市场,金龙集团把目标市场转向墨西哥、欧洲和南美洲,并将第三条制冷铜管生产改为铜水管生产线,同时开发出中央空调用铜管。目前,金龙集团的产品在墨西哥已占据较大的市场份额。金龙集团负责人说:"我们有信心在2011年实现盈亏持平的目标,并在2012年起开始盈利,在2013年达到理想的赢利状态。现在看来,美国的反倾销诉讼倒是件好事,促使我们开发新产品,开辟更加广阔的市场,增强了企业对抗风险的本领。"值得一提的是,金龙集团在2010年迎难而上,公开面向美国各地政府招标投资操持,并最终决定在亚拉巴马州托马斯维尔市投资1亿美元建厂。2011年,投资操持获得两国政府核准,金龙集团彻底躲开了美国的反倾销贸易壁垒。

第一节 国际市场营销的内涵

国际市场营销研究企业跨越国境的市场营销活动,是国内市场营销的延伸和扩展。研究国际市场营销活动的理论和技术,必须要理解基础的市场营销理论,掌握基本的市场营销技术并与国际市场的特点结合起来,才能更好地开展国际市场营销活动。

一、市场营销的含义

市场营销的含义国内外众说纷纭,美国市场营销协会给出的定义是:"市场营销是对产品引导货物和劳务从生产者流转到消费者或用户所进行的一切企业活动。"市场营销之父菲利普·科特勒认为:"市场营销是个人和群体通过创造并同他人交换产品和价值,以满足需求和欲望的一种企业管理过程。"

根据上述市场营销概念,可以把市场营销定义为:企业对现有的和潜在的市场需求进行研究,并以满足这些需求为目标而进行的市场调研、目标市场选择、产品与服务开发、产品定价、渠道规划、产品促销等一系列活动,从而完成企业设立的经营目标,它贯穿于企业经营活动的全过程。根据是否跨越国界,可细分为国内市场营销和国际市场营销。本书主要讲授国际市场营销的内容。

二、国际市场营销的含义

国际市场营销是市场营销在市场空间上的扩展,是企业跨越国界的经营销售活动。进入20世纪90年代,经济全球化的进程大大加快,经济活动超越国界,通过对外贸易、资本流动、技术转移、提供服务、相互依存、相互联系形成了全球范围的有机经济整体。

经济全球化有利于资源和生产要素在全球的合理配置,有利于资本和产品的全球性流动,有利于科技的全球性扩张,有利于促进不发达地区经济的发展,是世界经济发展的必然结果。经济全球化使各国企业经营活动日益同国际市场发生紧密的联系。在经济全球化的大背景下,我国企业也由内向型向外向型转变,在世界市场寻找更广阔的发展空间。

国际市场营销是以研究国外客户需求为中心,从事国际市场营销活动的国际企业经营销售管理的科学。具体来说,就是跨国企业如何从国外消费者的需求出发,依据宏观环境,并运用自身的微观环境,进行国际市场营销分析,制订、执行和控制国际市场营销计划,实现国际市场营销目标。企业在进行市场扩张时都会普遍遵循一定的地理顺序:本地市场—地区市场—全国市场—海外相邻市场—全球市场。

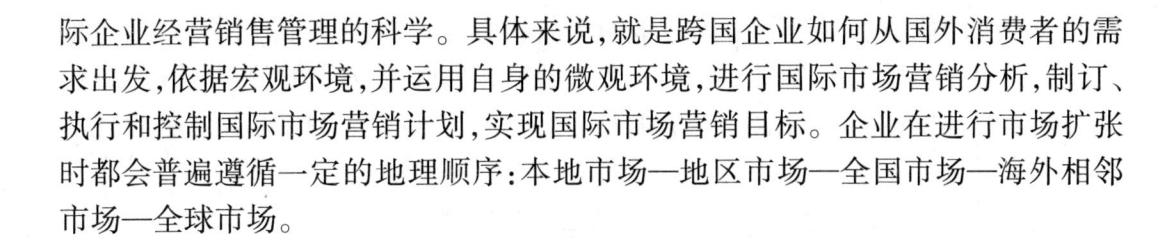

三、企业开展国际市场营销的动因

一般来说,企业走向国际市场是由多种原因驱使的。其主要有以下几个动因。

(一)国内竞争激烈,国际市场潜力巨大

相对国际市场而言,国内市场的容量比较小,在大量同类产品出现在国内市场上的情况下,国内市场需求饱和,企业之间的竞争日趋激烈。企业通过开拓国际市场,不仅可以减少国内市场的竞争压力,也可以寻找发展机会。

(二)延长产品的生命周期

由于各国的经济发展水平不同,导致同一产品在不同国家的生命周期处于不同的阶段。大多数产品在国际市场上的生命周期要比某一国内市场上的生命周期长得多。产品进入国际市场,也就意味着延长了其生命周期。例如,诺基亚手机在发达国家基本退出了市场,但如果把诺基亚手机推向发展中国家的市场,就延长了诺基亚手机的生命周期。

(三)国内劳动力成本过高

在许多行业,劳动力构成了产品成本的主要部分。劳动力成本在不同国家存在着很大差别,促使企业把生产转移到低劳动力成本的国家,从而降低生产成本,增强其产品的市场竞争能力。例如,发达国家为了拓展海外市场,减少生产成本,会将工厂建在一些劳动力成本比较低的国家,然后将产成品销往发达国家。

(四)政府的鼓励与支持

政府通过直接补贴或间接补贴等政策鼓励企业开展国际市场营销活动,具体表现为直接给予出口补贴或减免出口税和国内税,提供低息、长期的出口信贷等,并为企业提供国际市场信息、为企业进入国际市场提供咨询服务。

(五)提高企业的国际竞争力

通过开展国际市场营销活动,企业能够充分了解国际市场的现实和潜在需

求,开发、生产能够满足国际市场需求的产品和服务,并增强产品竞争力,最终扩大产品在国际市场的占有率。如果在发达国家和地区设立公司,开办工厂,企业还可以学习到发达国家和地区先进的技术与管理经验,从而提高本企业的技术和管理水平。

(六)突破贸易壁垒与进入区域经济市场

许多国家限制进口,但是通过鼓励外资投入并制定一些优惠条件鼓励外来投资。如果在目标国设立公司开办工厂,就可以避开种种限制并享受诸多优惠条件。此外,还可以在没有贸易限制的第三国建厂生产,再以该国作为跳板,将产品销往目标市场。

(七)分散市场风险

政治和社会环境复杂性的增强,要求企业经营分散在许多国家进行,以分散企业风险,避免某一国、某一地区的环境剧变导致企业蒙受重大损失,从而全面提高企业抵御风险的能力。

四、国际市场营销和国内市场营销的比较

虽然国际市场营销和国内市场营销的基本原理是相同的,但并不能就此将二者简单地等同起来。跨越国界本身决定了国际市场营销比之国内市场营销具有更大、更多的差异性、复杂性和风险性,使得其有以下特殊性。

(一)国际市场容量大,竞争激烈

第二次世界大战以后国际贸易发展十分迅速,1950年世界贸易出口额为554亿美元,2008年时这个数字上升到15.78万亿美元,增长了近285倍。国际市场上的经营主体以跨国公司为主,经营各国的优势产品,竞争远比国内市场激烈。

(二)经营环境复杂、多变

国际市场交易对象多种多样,各国的商品标准、度量制度、货币制度、贸易法规、海关制度及商业习惯各不相同,非常复杂。

(三)风险多样

国际市场营销在政治风险、运输风险、商品交易风险、价格风险和汇兑风险等方面都比国内市场营销要大。

（四）难度大

国际市场地域广阔,由于各国条件千差万别,因此在国际市场上收集信息、经营决策和项目实施都比较困难。表1.1所示为国内市场与国际营销市场的具体区别。

表1.1 国内市场营销与国际市场营销的比较

	国内市场营销	国际市场营销
市场营销环境	一国的平面环境	多层的市场环境
看待市场的视野	本地化	全球化与本土化
市场营销方案	整体一致	多样化,国别不同,方案也不同
营销人员要求	技能	技能、语言、国际人才

五、国际市场营销与国际贸易的关系

国际市场营销与国际贸易二者之间既存在某些联系,也存在若干区别。从它们的共同点和相关性来看,二者都是以取得利润为目的的跨国界的经济活动,都存在产品和劳务的交换;二者都面临着相同的国际环境,如人口环境、经济环境、政治法律环境、社会文化环境及竞争环境,因而国际市场营销与国际贸易存在着密切联系。但是二者在行为方式上有较大区别,美国经济学家弗恩·特普斯卡曾对其进行过较详细的分析,具体如表1.2所示。

表1.2 国际市场营销与国际贸易的区别

从事领域	国际市场营销	国际贸易
行为主体	公司	国家
商品是否跨越国界	是	是
交易动机	公司利润	比较利益
信息来源	公司记录	国际收支平衡表
购销行为	有	有
运输	有	有
产品	有	一般没有
促销	有	一般没有
渠道	有	没有
市场调研	有	一般没有

（一）业务范围不同

国际贸易包括进口和出口两方面，但未涉及国际市场营销管理，缺乏整体市场营销计划、组织和控制。其主要任务是生产和销售能够满足国际市场需求的产品与服务，业务范围不仅涉及产品购销、产品定价、实体分配，还涉及市场营销调研、新产品开发、分销渠道管理、仓储运输、产品促销等活动。

（二）交易主体不同

国际贸易是国与国之间的产品或劳务的交换，交易的主体是国家，国家是国际贸易的组织者。在国际贸易中，国家要根据国际收支状况、外汇需求和国际经济合作等方面的情况做出符合国家整体利益的决策。而国际市场营销的经营主体是企业，企业和企业之间开展产品与劳务的跨越国界的交换，买方可能是国家、企业、消费者或本企业的海外子公司或分支机构。

（三）商品流通形态不同

国际贸易的商品流通形态是跨越国界型的，参加交换的产品或劳务必须是从一国转移到另一国；国际市场营销的商品流通形态则是多样化的，产品既可能跨国界，也可能不需要跨国界。例如，华为在印度尼西亚投资建厂，其产品可能在美国销售，也可能在印度尼西亚销售。二者反映在统计数据上也有差异，西方国家海外企业的营业额都载入公司记录中，但不计入国际贸易的统计数字中，从而产生了国际贸易总额同国际市场营销总额的差异。一般来说，国际市场营销总额大于国际贸易总额。

（四）二者动机不同

国际贸易的立足点是比较利益，只要存在比较利益，就可以考虑将货物从一国运往另一国；国际市场营销的原动力是企业决策，而企业决策又通常是以谋取利润最大化为动机的。当然，比较利益和利润最大化之间有一定的内在相关性，但不存在绝对的必然联系。

（五）国际市场营销活动相较于国际贸易更富于主动及创造精神

国际贸易往往是较被动地坐等外国客户上门，出口作业从接到进口商的订单开始，以货物送达到外国进口港或交货给国外中间商而告终。相比之下，国际市场营销不仅可以适应国际市场需求，提供适销对路的产品，而且可以创造新的需求。其作业流程是在企业接收订货之前，着手进行国际市场调研，了解国际市场营销环境，分析国外消费者需求及购买行为，发掘营销机会，确定目标市场，制定国际市场营销战略与策略,对国际市场营销过程进行管理。同时,企业积极主动地争取国外进口商的订货,当商品售出之后,为用户提供售后服务,并反馈用户的意见和需求。

第二节　国际市场营销要素

开展国际市场营销必须研究谁营销、营销什么、营销给谁及如何营销等具体问题。我们将其归纳为国际市场营销的主体、客体、任务与手段等,即国际市场营销要素。

一、国际市场营销的主体

国际市场营销的主体研究的是"谁营销"的问题。最具典型意义的国际市场营销主体是国际企业。国际企业有广义和狭义之分:广义的国际企业包括面向国际市场,从事生产经营活动的所有企业;狭义的国际企业一般就是指跨国公司,即在两个或两个以上的国家(或地区)有生产经营活动的企业。本书讨论的是广义的国际企业。国际企业有3种类型。

(一)外向型出口企业

外向型出口企业在国内生产,但商品在国际市场完成交换,产品主要是为了满足国际市场消费者的需求。外向型出口企业通过出口为企业创造外汇收入。

(二)跨国公司

跨国公司是指在两个或两个以上的国家(或地区)投入和拥有可实际控制的经营资产,长期从事跨越国界的生产经营活动的企业组织,以突出其不同于只在一国范围内从事生产经营活动的生产特征。跨国公司有以下构成三要素。

1. 第一要素

跨国公司必须是一个工商企业,且企业必须在两个或者两个以上的国家或地区从事经营活动,其国外经营所采取的法律形式和部门不限。例如,可以通过直接投资的形式在国外设立分公司或子公司等分支机构。

2. 第二要素

跨国公司要有中央决策体系,即跨国公司必须有一个共同的政策,其政策应反映企业的全球战略目标和战略部署。

3. 第三要素

跨国公司要在企业内部分享资源、信息，分担责任。在经济全球化的背景下，跨国公司已经成为国际贸易、国际市场营销、国际投资的主要承担者。当今世界经济的竞争已经演变成跨国公司之间的竞争，占领市场、领导市场已经上升为跨国公司生存与发展的第一目标。

（三）全球性跨国公司

全球性跨国公司是指把整个世界市场作为其生产经营基本市场的国际化经营企业。

随着经济与科学技术的飞速发展，一批跨国界的不同于20世纪60年代跨国公司的全球性公司已经悄然兴起。全球性跨国公司是一种新型的打破国与国界线的联合公司，是一种较跨国公司层次更高的形式。因此，它要求领导国际化，从而保证公司不能只为一个国家的利益服务。

二、国际市场营销的客体

国际市场营销的客体是指企业向谁营销，在市场营销学中指的就是市场。按照企业开展市场营销活动所面对的空间来划分，可以分为国内市场、国际市场、多国市场和全球市场。

（一）市场的概念

从狭义的角度来看，市场就是指买方和卖方进行商品交易的具体空间与地点。但是从经济学的角度来看，市场就是指商品交换的总和，是商品生产者和消费者（或用户）为了满足相互需要，通过买卖关系实现产品与货币交换关系的总和。

（二）市场的三要素

有效的市场必须具备3个基本要素，即市场＝人口＋购买力＋购买欲望。这3个要素互相制约，缺一不可。这是因为市场营销学研究的是人口（消费者）问题，而非人手（劳动者）问题。作为消费者，还必须对企业所经营的产品具有购买愿望，否则就不是企业选择的目标市场。同时，具有购买愿望的消费者如果没有相应的购买能力，也不是企业有效的目标市场。市场规模取决于具有这种欲望和需要，有购买能力，并且愿意进行交换的人的数量。因此，市场是具有特定需要和欲望，而且愿意并能够通过交换来满足这种需要和欲望的所有现实与潜在顾客的集合。

（三）国际市场的定义

国际市场营销是针对国际市场而开展的，因此国际市场营销的客体是国际市场。广义的国际市场包括国内市场以外的所有营销对象。在国际市场营销实践中，常常把国际企业总部所在地市场称作基地国际市场，而把除此以外的国际市场称作为目标国市场。

国际市场就是在一定时期内，在空间上涉及两个或两个以上的国家或地区，对某种或者某类商品具有现实需求或潜在需求的现实顾客与潜在顾客群的总和。

（四）国际市场的类型

根据购买者的身份与购买目的不同，国际市场可以分为消费者市场、生产者市场（也称产业市场或制造商市场）、转卖者市场（也称中间商市场）和非营利性组织市场4种类型。

一般而言，我们把消费者市场称为"个人市场"，把生产者市场、转卖者市场与非营利性组织市场称为"组织市场"。

① 消费者市场是指消费者为了满足个人或家庭生活的需要，购买商品或使用劳务而形成的市场。

② 产业市场是指组织和团体为了生产、加工盈利而购买商品或劳务所形成的市场。

市场营销学之所以根据购买者的不同来划分产品，是因为个人、家庭的购买行为与组织的购买行为存在着很大差别，即由个人或家庭构成的消费者市场不同于由组织和团体构成的产业市场。企业针对两类不同的市场进行营销活动时，应制定不同的营销策略。

③ 转卖者市场也称中间商市场，是由以通过转卖获取盈利为目的而购买商品或服务的组织组成的购买者群体。

④ 非营利性组织市场是由提供公共产品以满足社会公共需要而购买商品或服务的政府机构、社会团体等非营利性组织组成的购买者群体。

三、国际市场营销的对象

国际市场营销的对象研究的是"营销什么"的问题，即卖方向买方尽力销售的东西。国际市场营销的对象是产品，包括有形货物、无形服务、知识信息、技术专利、构思创意等。

在市场营销学中，根据购买者的用途不同，产品可以划分为消费品和产业用品两大类。

（一）消费品

消费品是指个人或家庭为了最终生活性消费而购买的产品。例如，大米、食用油、服装、纸巾，消费者购买这些产品是为了满足生活自用。

（二）工业用品

工业用品是指组织和团体为了满足自己生产货物或提供服务的生产性需要而需要购买的产品。例如，原材料、半成品、机器设备、消耗品等生产资料。

市场营销学中对产品的分类是根据产品的购买者及其购买意图划分的，而不是根据产品的属性划分的。例如，煤炭被消费者买去取暖做饭，用于生活性消费时就是消费品；但如果煤炭被工人买去作为原材料生产其他产品，用于生产性消费，那就是工业用品。

四、国际市场营销的任务与手段

国际市场营销的任务与手段研究的是"如何营销"的问题，包括以下内容。

（一）评估国际市场营销环境

在决定进入国际市场之前，企业必须要研究国际市场，其目的是制定最佳的营销计划以适应国际市场环境的变化，在公司拥有的资源条件下，对公司的 4P（Product、Price、Process、Promotion）组合进行综合运用，以满足预期的需求并获取利润。

（二）决定是否进入国际市场

每个企业在决定进入国际市场之前，要权衡自身面临的国际市场环境和自身的内在资源条件及生产能力与产品特点，通过调研与分析，制定自己的国际营销目标和政策，确定企业的使命。企业权衡的风险包括以下几条。

① 是否了解外国顾客的偏好。
② 是否了解外国商业文化。
③ 是否了解外国法规，从而导致大量预算外的成本。
④ 是否具有丰富国际经验的经营人员以处理国际市场营销事务。
⑤ 外国是否可能修改其商法，从而使进入者处于不利的地位。

（三）决定进入哪些国外市场

企业在决定进入海外市场后，就应确定自己的国际市场营销目标策略。不同国家或地区的外部环境不同，彼此之间的市场需求也有很大的差异。以一个企业有限的资源和能力不可能满足所有海外市场的需求，企业必须对全球市场按一定的标准进行细分，并结合自身条件选择若干个子市场，作为企业一定时期内的主要目标市场，开展目标营销。为了选择合适的目标市场，企业必须对不同国家和地区的市场吸引力、竞争优势、风险水平和潜在的投资收益等因素进行全面评估。

（四）决定如何进入国际市场

企业在选定国际目标市场之后，接下来要做出关于国际市场进入方式的决策。可供企业选择的进入方式有出口进入、契约进入和投资进入等，每一种方式下又有若干具体类型。不同的国际市场进入方式对企业资源能力有不同的要求，其可能的风险、潜在收益及海外市场控制力也不相同。企业应根据自身国际化战略目标、自身的资源条件和东道国的市场环境等做出科学的选择。

（五）决定国际市场营销组合方案

在一个或几个外国市场上经营的企业，必须研究对市场营销组合进行多大程度的调整，才能适应当地的市场情况。企业在全球范围内是使用标准化营销组合以将成本降至最低限度，还是根据各个目标市场的特点调整其市场营销组合的内容制定差异化营销策略？在这两种极端情况之间，还存在着许多可供选择的可能。企业必须根据各国的文化、社会、政治、技术环境和法律限制的特点，做出恰当的决策。

（六）决定市场营销组织形式及计划、控制

市场营销决策的实现需要组织保证，因此要设置合理的组织结构，并合理进行协调、计划、控制，以使市场营销决策最好地实现。

第三节　国际市场营销人员的基本素养

国际市场营销人员面对的是各国复杂的政治、经济、人文环境，接触的是各民族迥然不同的语言文字、风俗习惯及思维方式。因此，作为国际市场营销人员，不仅应具备出类拔萃的素质，更应熟知跨文化交流的常识。

国际市场营销人员应具备的素质主要有政治素质、品行与心理素质、业务素质、能力素质等几个方面。

一、政治素质

从事国际市场营销的人员应爱祖国,有强烈的民族责任感,自觉维护国家和企业利益;坚持四项基本原则,认真贯彻执行国家的对外经济贸易方针、政策,关心国内外政治、经济形势;作风正派,艰苦朴素,有良好的个人修养,讲文明、有礼貌;对工作认真负责,忠于职守,有较强的进取心;努力学习,勇于实践。只有这样才能保证国际市场营销人员在复杂的国际经济交往中,自觉维护国家和企业利益,使我国的经济实力不断增强。

二、品行与心理素质

(一)诚实正直

诚实正直的人,言谈举止自然,显得心胸坦荡,令人愿意与之交往。在市场营销实战中,诚实正直能让市场营销人员赢得更多客户信任,获得较好的销售业绩。客户对市场营销人员一般总有一种戒备心理,市场营销人员在宣传自己的产品和服务时,一定要客观,要重合同、守信用。要分清营销技巧与歪曲事实的界限,要在客户面前树立诚实、正直的个人形象,从而真正赢得顾客的信任。

(二)较强的自信心、远大的抱负和持之以恒的精神

坚强的信心是成功的源泉,远大的抱负是获胜的基础。许多事业成功者的经历告诉我们,他们成功的原因不是他们会做什么或能做什么,而是他们想做什么、想做成什么。他们往往并不是那些体力、智力最优秀的人,而是那些有较强自信心、胸怀大志、不达目的决不罢休的顽强者。特别是,国际市场营销人员比国内市场营销人员在工作中遇到的困难和障碍要多,因此国际营销人员要十分重视培养自己的自信心。只有这样,国际营销人员才能不怕困难、百折不挠、持之以恒,在激烈的国际竞争中找到自己的位置。

三、业务素质

国际市场营销人员应熟悉我国对外贸易的方针、政策、法规及有关国家和地区的政策;掌握国际贸易理论、进出口贸易程序、进出口合同的履行、汇率变化分

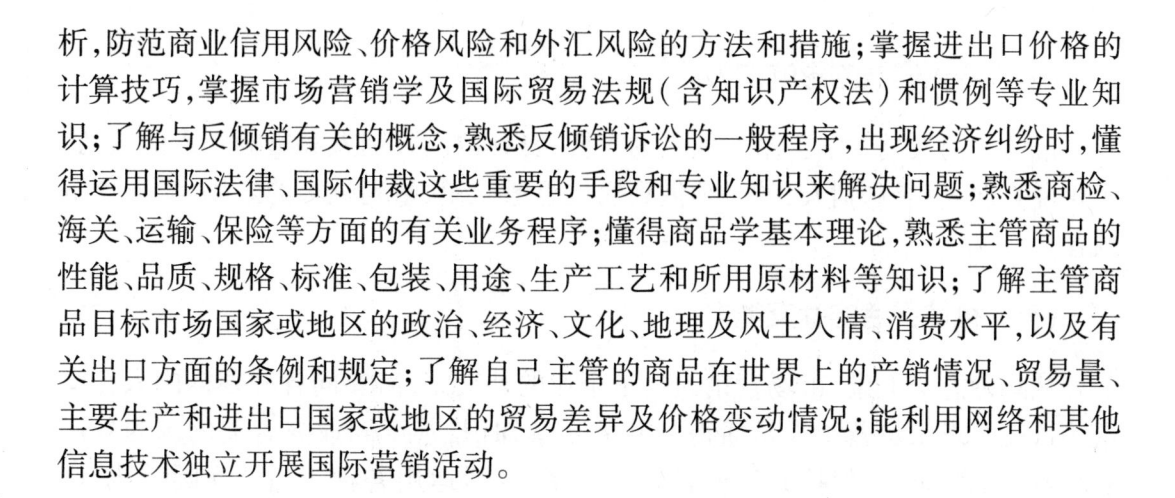

析,防范商业信用风险、价格风险和外汇风险的方法和措施;掌握进出口价格的计算技巧,掌握市场营销学及国际贸易法规(含知识产权法)和惯例等专业知识;了解与反倾销有关的概念,熟悉反倾销诉讼的一般程序,出现经济纠纷时,懂得运用国际法律、国际仲裁这些重要的手段和专业知识来解决问题;熟悉商检、海关、运输、保险等方面的有关业务程序;懂得商品学基本理论,熟悉主管商品的性能、品质、规格、标准、包装、用途、生产工艺和所用原材料等知识;了解主管商品目标市场国家或地区的政治、经济、文化、地理及风土人情、消费水平,以及有关出口方面的条例和规定;了解自己主管的商品在世界上的产销情况、贸易量、主要生产和进出口国家或地区的贸易差异及价格变动情况;能利用网络和其他信息技术独立开展国际营销活动。

四、能力素质

(一)敏锐的洞察能力和较强的市场调研能力

市场营销人员的洞察能力主要是指其根据顾客的穿着、言语和行动等去了解、分析、判断顾客购买心理的能力,即透过现象看本质的能力。好的营销人员应具备较好的洞察力和心理分析能力。国际市场营销人员应具备运用市场调研、市场预测技术,利用一切途径捕捉市场信息,及时掌握市场变化和需求动态,搜集、整理、分析国际市场行情和客户情况,写出市场调研报告,提出经营建议的能力。

(二)机动灵活的应变能力

国际营销人员面临的市场环境是复杂多变的,经常会出现一些突发事件。这就要求市场营销人员应具有机智灵活的应变能力,在不失原则的前提下,做到机智灵活、应变有方,根据当时的场景和氛围迅速地做出反应,甚至是不动声色地达到目的。机智灵活的应变能力取决于敏锐的洞察力和准确分析、判断的能力。国际市场营销人员应思维敏捷,能够及时察觉顾客需求的变化对营销效果的影响,并针对变化的情况及时采取必要的应对措施。

(三)锐意改革的创新能力

现代市场营销工作是一项需要具有高度智慧的脑力劳动,既是一种综合工作,也是一种创造性很强的工作。市场营销人员只有创造性地运用各种营销技术和手段、机会,进行营销策划、市场调研、市场开发、客户管理等,才会有出色的工作业绩。

（四）令人信服的影响能力

市场营销人员要学会激发他人的需要,要具备说服别人和影响别人的技巧。而要说服别人、影响别人,就必须做到换位思考,必须站到顾客的立场,学会理解顾客。

（五）机敏灵活的社交能力

从某种意义上说,市场营销人员是企业的外交家,需要同各种各样的人打交道。这就要求市场营销人员懂得公共关系学知识,善于同业务有关的国内外厂商和业务部门建立、保持并发展良好的关系,灵活运用各种正当的交际手段,广交朋友。

（六）娴熟的语言文字能力

掌握一门以上的外语,能独立进行对外洽谈及有关业务活动,能准确起草有关合同文件。

小知识

递接名片的方式

1．名片存放的地方
① 衬衣左侧口袋或西服的内侧口袋。
② 口袋不要因为放置名片而鼓起来。
③ 不要将名片放在裤兜里。

2．递交名片的方式
右手的拇指、食指和中指合拢,夹着名片的右下部分,使对方易接,以弧状的方式递交于对方的胸前。

3．接拿名片的方式
① 双手接拿,认真过目,然后放入自己名片夹的上端。
② 同时交换名片时,可以右手递名片,左手接名片。

4．递接名片的禁忌
① 无意识地玩弄对方的名片。
② 把对方的名片放入裤兜里。
③ 当场在对方名片上写备忘事情。
④ 先于上司向客人递交名片。

国际市场营销概述常用英文

① market 市场
② international marketing 国际市场营销
③ international trade 国际贸易
④ multinational company 跨国公司

相关链接

日本汽车厂商的当地化营销导向

日本汽车制造商通常在欧洲、日本、北美都有自己的研发中心,而中心的设计人员则大多来自当地,并且居主导地位。一些在欧洲市场上推出的日本车几乎百分之百是由欧洲人设计的欧式日产车。显然,这样的车型既融合了日本车的多种优点,又很容易赢得当地消费者的青睐。日本的汽车制造商在全球范围内推出一新款车时,大多会在同时推出至少两个版本,即北美版和欧洲版。例如,获得"美国最佳进口车"称号的丰田佳美、本田雅阁、本田市民等都有针对不同市场的不同版本,它们之间的差别体现出根据不同市场、不同文化背景下消费者诉求所做出的相应的改变。本田公司最新款雅阁甚至有3个版本——在美、欧版外增加了一个日本版。其中,日、欧两个版本的差别不大,而美、欧版的差别甚至无法让人相信它们源于同一款车。本田公司已经将不同区域市场的消费差异准确、适度地体现在其产品上,以求最大限度地取悦目标市场的消费者。

习题

一、单项选择题

1. 生产出好产品卖给顾客,这句话反映的是(　　)。
   A. 推销观念　　B. 市场营销观念　　C. 产品观念　　D. 生产观念
2. "酒香不怕巷子深"是一种(　　)观念。
   A. 生产　　B. 产品　　C. 推销　　D. 社会营销
3. 不是构成市场基本要素的是(　　)。
   A. 消费者　　B. 购买能力　　C. 购买欲望　　D. 产品

二、问答题

1. 国际市场营销与国内市场营销的区别是什么？
2. 国际市场营销与国际贸易的区别是什么？
3. 企业进行国际化的动因是什么？

三、案例分析题

2005年，标有"长城"商标的塔吊已成为众多建筑商和用户的抢手货。近200台塔吊装一台走一台，甚至等不及配套，有几节先运几节。催货的人千方百计弄"条子"想走后门，有的长住宾馆，紧守销售公司经理办公室。当时，2006年的订单货都排满了。长城机械厂所生产的"长城"塔吊何以如此炙手可热呢？一位在"长城"等了一个月的无锡老板说："该厂的售后服务特别周到，买到'长城'塔吊就吃了颗'放心丸'，我们这行谁不想吃'放心丸'呢？"

2004年，该厂面对国内基建市场竞争激烈的状况，派出了由销售公司经理带队的考察团赴各地调查市场。他们发现，无论国内还是国外，用户最担心的就是厂家在卖货前是"媳妇"，货卖完后就成了"婆婆"。塔吊这类建筑机械产品长期日晒雨淋磨损大，出了毛病没人修，容易延误工期。而对建筑行业来说，延误工期是大忌。于是，他们选定这个厂家的薄弱点、用户的心痛处为突破口，全力做好售后服务。先是在厂内成立了一条由厂长负责，销售公司、质检处、技术处、科研专项管理的质量信息反馈渠道。当用户有意见时，工厂及时组织分析，3天内去人或去函解决问题，并在广州、上海等大城市及我国香港、泰国等地建立了10多个维修服务站，未设维修服务站的地区，厂里派出售后服务团队。2004年春节期间，山东济南一台已过"三包"期的塔吊发生故障，工程又迫在眉睫。该厂闻讯后，维修人员背着几十公斤的配件挤窗户、爬火车赶到现场，抢修了4天3夜，保证了工程如期完成。2005年，该厂共为用户装修塔吊170多台，排除故障100多次，从未发生过因售后服务不及时而延误工期的事。

优质的售后服务，建立起了用户与厂家的感情，许多用户成为"长城"的朋友和现身说法的推销员。泰国一家长期订货的客商被"长城"的服务深深感动，免费为长城打了3个月的广告，帮助"长城"打开了东南亚的销售大门。

问题："长城"塔吊的营销之路属于何种市场观念？在现代企业经营中，企业努力做好售后服务具有什么意义？

第二章 国际市场营销调研

学习目标

本章主要介绍了国际市场营销调研的概念、作用,介绍了国际市场信息搜集的途径及方法,以及国际市场营销信息系统,包括国际市场分析框架、调研过程等。通过本章的学习,希望学生具备以下能力。

1. 了解国际市场营销调研的概念、作用。
2. 掌握国际市场信息资料搜集的途径、方法。

导入案例　楼外楼如何进行市场调研

杭州楼外楼餐馆位于杭州市西湖区孤山路30号,是杭州市区最有特色的传统名餐馆之一。该餐馆紧邻西湖,与中山公园、西泠印社相邻,相传建于清道光二十八年(1848年),被原国内贸易部评定为"中华老字号"。

楼外楼不仅菜肴出名,其生产的中秋月饼在华东市场也十分畅销。但近年来,市场竞争加剧,再加上消费者的消费观念、口味的变化较快,所以每年中秋节之前,楼外楼都要开展一次针对性的市场调研,作为推出月饼新产品这个重要决策的依据之一。

第一节　国际市场营销调研的概念与步骤

一、国际市场营销调研的概念

国际市场营销调研是指运用科学的方法,有系统、有目的地收集、记录、整理和分析有关国际市场的重要情报信息,以便为企业的国际营销决策提供依据的活动。

国际市场营销调研与国内市场营销调研在基本程序、方法和分析工具上没有太大的区别,但在以下3个方面有所不同。

(一) 国际市场营销决策需要的资料更为广泛

国际市场营销决策涉及的国家比较多,不同的国家又有不同的政治背景、法律状况、经济条件、社会文化等。因此,在调研的过程中考虑的因素比国内市场营销调研要多。

(二) 国际市场营销决策与国内市场营销决策所需的信息不同

国际市场营销的跨国性导致国际市场营销决策与国内市场营销决策的扩展和差异性。企业要进入国际市场,不仅需要了解目标市场国的市场规模和潜力、当地市场的竞争状况及渠道模式,还需要了解当地的法律及政府政策、消费者的收入水平和消费习惯等。因此,国际市场营销调研的内容大大超过了国内市场营销调研的范围。

(三) 国际市场营销调研的难度更大

企业要在国际市场开展调研,就需要各国提供相关的信息。但是,大多数的国家都存在不同程度的保密,很多信息很难获得。同时,每个国家的经济、文化、科技等因素不同,这就决定了国际市场营销调研的方法、手段等有所不同。

二、国际市场营销调研的步骤

国际市场营销调研比国内市场营销调研更复杂,一般包括以下6个步骤。

(一) 确定问题及明确调研目标

企业在开展调研之前,需要明确调研目标,调研目标可以帮助企业准确地做出经营战略和营销决策。在国际市场营销调研前,要针对企业面临的市场现状和亟待解决的问题,如目标市场情况、竞争对手情况等确定国际市场调研的目标和范围。

(二) 明确调研的信息来源

企业进行国际市场调研前必须根据已确定目标和范围搜集与之密切相关的资料,确定大概需要的有关信息,并搜集、整理这些信息。

（三）选择调研的基本方法

为了搜集到相关信息，企业需要采用一定的调研方法，具体包括实验法、观察法、调查法等。企业要根据调研的目标、市场特点、企业特点和预算来选择不同的调研方法，同时要事先计划好调研对象、样本并设计问卷。

（四）资料的搜集和整理

原始资料的搜集是用调研方案中所选择的方法获得的，如邮寄问卷、电话访问、个人访谈、观察法、实验法等。相比之下，二手资料的搜集相对比较容易。搜集来的资料比较分散、零乱，为此必须对资料进行适当的整理，使之真实、准确。

（五）整理分析调研结果

对获得的资料进一步统计分析，提出相应的建议和对策。只有对搜集的材料进行比较和分析，获得高度概括性的市场动向指标，并对这些指标进行横向和纵向的比较、分析和预测，才能揭示市场发展的现状和趋势。

（六）撰写调研报告

根据比较、分析和预测的结果写出书面调研报告，一般分专题报告和全面报告，阐明针对既定目标所获的结果，以及建立在这种结果基础上的经营思路、可供选择的行动方案和今后进一步探索的重点。调研报告不但要有准确性，还要有一定的预见性。

> **思考**
>
> 广州某机械出口公司，决定开拓墨西哥市场。在市场开拓之前，公司决定对墨西哥市场展开一次调研。其调研步骤有哪些？

第二节 国际市场营销调研的主要内容

国际市场营销调研主要的目的是：搜集、分析国际市场信息，为预测国际市场未来的变化提供科学依据；为确定国外市场营销目标、工作计划和经营决策提供科学依据；为解决国外市场营销活动的供需矛盾提供科学依据；不断反馈国际市场营销的实践结果，并根据环境的变化及时做出调整。

一、国际市场营销调研的主要方面

（一）国际市场营销环境调研

企业开展国际商务活动进行商品进出口业务，如同军队作战首先要分析地形、了解作战环境一样，须先了解商务市场环境，才能做到知己知彼，百战百胜。企业对国际市场营销环境调研的主要内容如下。

1. 国外经济环境

国外经济环境是企业确定国际市场发展方向和目标的重要依据，主要包括地理经济环境条件、经济发展阶段、经济形势、市场结构、消费者的经济状况等。

2. 国外政治和法律环境

政治和法律环境包括影响企业海外业务经营的种种非经济性环境条件的一般资料，包括出口管制、禁运与制裁、进口限制、外汇管制、税收控制、劳工限制、政局动荡等。

3. 国外文化环境

了解国外文化环境是企业能否获得长足发展的必要条件，包括物质文化、语言文化、美学文化、教育文化、宗教文化、社会组织、传统习惯等。

4. 国外市场条件信息

国外市场条件信息主要是目标国家和地区的市场结构与容量、交通运输条件等，还包括对本部门产品的获利能力分析、需求总量、某商品进出口量在其国内消费或生产的比重等。

5. 其他

其他方面包括目标国家和地区的市场竞争者、科技发展信息、人口、交通、地理等情况。

（二）国际市场营销产品调研

企业要把产品打入国际市场或从国际市场进口产品，除需了解国际市场环境外，还需要了解国际市场商品的市场情况。其主要内容包括以下两点。

① 国外市场商品的供给情况，包括商品供应的渠道、来源、国外生产厂家、生产能力、数量及库存等情况。

② 国外市场商品需求情况，包括国外市场对商品需求的品种、数量、质量要求等。

（三）国际市场营销渠道调研

国际市场营销渠道调研主要调研目标国家和地区市场产品的分销渠道模式及特征、中间商的构成及分布、市场惯例等。

（四）国际市场营销价格调研

国际市场营销价格调研通过调研国际市场目标国家和地区的产品生产成本，了解不同地区间的价格差异、政府对价格的管制情况，为产品销往目标国家市场打下基础。

（五）国际市场营销促销调研

国际市场营销促销调研主要调研目标国家和地区的相关法律规定和商业惯例、消费者对各种促销方式的反应、各种促销方式的效果等。

（六）国外客户情况调研

每个商品都有自己的销售（进货）渠道，销售（进货）渠道是由不同客户组成的。企业进出口商品必须选择合适的销售（进货）渠道与客户，做好国外客户的调查研究。一般来说，出口企业对国外客户的调查研究主要包括客户的政治状况、客户的资信情况、客户经营业务范围、客户的企业业务、客户的经营能力等。

> **思考**
>
> 广州某机械出口公司，决定开拓墨西哥市场。在市场开拓之前，公司决定对墨西哥市场展开一次调研。其调研的内容有哪些？

二、调研内容分析操作技巧

（一）注意调研方法的运用

通过直接调研法获得的调研资料比较真实，但是视野比较狭窄；通过间接调研法获得的调研资料比较笼统，但是视野比较开阔。这两种调研方法各有利弊，需要业务人员根据调研的需求来选择。

（二）注意资料的搜集

调研的资料搜集对企业科学地决策具有一定的意义。这就要求企业在做调研内容分析的时候,多用客观数据说话,因为精确的数据能客观地反映实际情况,对企业的决策具有一定的引导性。

(三) 注意内容的时效性

内容的时效性是指企业的调研资料必须是最新的,不是过时、失效的资料,这就要求在调研的过程中,如网络搜索时留意调研获得的资料的实效性,否则会诱导企业做出错误的判断与决策。

(四) 注意内容的空缺

企业在做调研时,不一定能获得全部想要的资料。这就需要根据前后左右的相关内容,做好合理的推理,完成拼接工作,以便企业做出正确的判断与决策。

第三节　国际市场营销调研的方法

一、国际市场信息来源的渠道

(一) 一手资料

通过调研人员实际调研所得到的一手资料及时准确,可靠程度高,往往可以弥补二手资料的不足。一般来说,一手资料主要有以下来源。
① 直接参与各类国际展览会、展销会、交易会。
② 赴国外实地考察,观察市场动态。
③ 驻外销售人员直接走访客户或经销商。
④ 组织国外市场实地调研,了解客户或消费者的要求。
⑤ 在与外商的直接谈判中获得有关信息。
⑥ 购买国外竞争对手的产品,进行比对、分析和试验等。

(二) 二手资料

二手资料是由他人搜集并整理的现成资料。内部的二手资料是指来自企业内部的资料,来源有会计账目、销售记录和其他各类报告,如有关的销售记录、采购要求、财务报告、产品设计与技术资料、市场环境资料等;外部的二手资料指的是从公司外部获得的资料,来源有各种出版物、数据库及政府机构提供的统计资料。

(三) 二手资料的不足

二手资料的最大优点是容易获取,比搜集原始资料所需要的时间和费用要少得多,而且使用二手资料还有助于明确或重新明确探索性研究中的研究主题。当然,企业在运用二手资料时一定要对其进行慎重评估,注意分析二手资料的来源、调研目的、具体内容、时间、获得方式及一致性等,避免偏差和出现失误。同时,二手资料具有时效滞后性,容易有以偏概全的缺点。

二、国际调研常用的方法

(一) 获取一手资料常用的方法

目前主要有访问法、观察法、实验法3类调研方法。

1. 访问法

访问法主要有面谈访问、电话访问、邮寄调查、网上调研等方式。

① 面谈访问是调研人员根据事先拟好的调研问题或调研提纲,依次提问,可以是个人访谈,也可以是集体访谈。按照访谈地点的不同,分为入户访问和拦截访问。入户访问是指到被访者家中或是工作单位进行的访问;拦截访问是指在某个场所拦截在场的一些人进行面谈。面谈访问比较灵活、效率高、可靠,但费用大、时间长、代表性差,常用于商业性的消费者意向调查。

② 电话访问是使用电话搜集资料。其优点是经济且迅速,可搜集到事件发生的情报;不足之处是电话访问只限于简单问题,照片、图标等无法利用电话进行调查。

③ 邮件调查是指通过邮件进行调查。也可以留下问卷给被访者,让被访者日后邮寄回问卷。这种方式成本低,也给予被访者时间考虑,但是回收率低,花费时间也较长。

④ 网上调研是近年来兴起的方式,就是把调研问题挂在网上进行调查。其优点是快捷方便、范围广、信息反馈及时、成本低,但是回收率和准确度都不足,而且要有专业技术人员维护系统。

在使用调研法时,抽样的问题应该非常谨慎。因为大多数调研都是抽样调查,研究者是通过样本来推断总体情况的,如果抽样不合理,样本没有代表性,统计推论就会有问题。

2. 观察法

观察法主要有直接观察法(行为记录法)、实际痕迹测量法。所谓观察法是指不直接向当事人提出问题,只是观察所发生的事实,以判别消费者在某种情况下的行为、反应或感受。其主要有以下两种方式。

① 直接观察法是指公司派出调研员到百货公司、超级市场、加油站等场所，观察顾客的购买习惯、态度和行为，并加以记录。

② 实际痕迹测量法是指通过机器记录一些信息和数据，通过实际留下的这些"痕迹"观察消费者的情况与反应。例如，对象征物观察，从而产生"垃圾学"法、"食品柜"调查法等。

利用观察法可以观察到消费者的真实行为特征，但是只能观察到外部现象，无法观察到调研对象的一些动机、意向及态度等内在因素。

案例

雪佛龙公司是美国一家食品企业。该公司在20世纪80年代初曾投入大量资金，聘请美国亚利桑那大学人类学系威廉·雷兹教授对垃圾进行研究。雷兹教授和他的助手在每次的垃圾收集日的垃圾堆中，挑选出数袋，然后将垃圾内容依照其原产品的名称、重量、数量、包装形式等予以分类。通过反反复复地进行了近一年的分析和考察，获得了有关当地食品消费情况的信息。

3. 实验法

实验法是一种特殊的市场调研方法，是根据一定的调研目的，创造某些条件，采取某种措施，然后观察一种变量对另一种变量产生影响的一种研究方法，应用范围很广。其最大的特点是把调查对象置于非自然状态下开展市场调研。例如，食品的品尝会。它是因果关系调研中经常使用的一种行之有效的方法，如改变品种、包装、设计或价格对产品销售会有怎样的影响。常见的实验法有两类，一种是广告实验，即以两种或两种以上的广告媒体做实验，从实验中选定一种广告媒体；另一种是销售区域实验，用以测验不同市场广告、销售情况、产品价格、包装等的实验工作，以便获取信息，扩大销售。

① 实验法的优点是可以获得大量正确的原始材料。

② 实验法的缺点是比较难选择经济因素相似的市场；很难掌握可变因素，从而导致测验结果不容易比较；很难在短期获得结果；成本比较高。

对搜集的一手资料需要检查、输入和统计、制表、分析。

① 检查，即对调研资料进行检查，确定是否可以作为有效资料。

② 输入和统计，即采用相关的统计工具，对检查好的数据进行统计。

③ 制表，即将资料采用表格或图、线等形式统计并表达出来，便于研究分析。

④ 分析，即采用合适的分析方法，对资料进行分析。

案例

日本三叶咖啡店曾做过一个颇有意义的心理实验。店主请来30多个人,每人喝4杯分别用红、棕、黄、绿4种颜色的杯子盛放的咖啡,然后各自回答对不同颜色杯子中的咖啡浓度的感受。结果绝大多数人对浓度的排序是:最浓的为红色杯子、棕色杯子次之,黄色再次之,而绿色杯浓度最低。其实,只有店主知道,所有这些咖啡的浓度都是一样的。该店从此以后一律用红色杯子盛咖啡,使得顾客普遍感到满意。

(二)获取二手资料常用的方法

二手资料的第一个来源是企业自身的内部资源,主要包括会计账目、销售记录和其他各种文件档案,以及企业的各种刊物等;第二个来源是外部资料,主要是可以从图书馆或其他地方获得的出版资料、辛迪加数据和外部数据。二手资料搜集的方式主要有有偿搜集和无偿搜集两种方式。

① 有偿搜集方式是通过经济手段获得文献资料,有采购(订购)、交换、复制3种具体形式。有偿搜集方式更讲究情报信息的针对性、可靠性、及时性和准确性。

② 无偿搜集方式不需要支付费用,但往往这种方式所获资料的参考价值有限。

对搜集来的二手资料,需要进行整理和分析,具体包括资料汇总、梳理、核实、筛选、归纳、整理和分析等。

思考

总结访问法、观察法、试验法的特点,并举例说明它们的使用范围。

第四节 国际市场营销调研问卷的设计

一、国际市场营销调研问卷的拟定步骤

步骤1:确定调研的目标。
步骤2:确定调研方式。
步骤3:确定问题内容。

步骤4：确定问题形式。
步骤5：问卷预测试。
步骤6：问卷修订。
步骤7：问卷印制。

二、国际市场营销调研问卷的基本结构

（一）标题

每份调研问卷都有特定的调研主题。调研者应该为调研问卷确定一个明确的标题，用以表明调研问卷的目标，使调研对象对回答的问题有一个大致的了解。

（二）说明信

调研者要向被访者说明调查的目的、意义、选择方法及填答说明等，一般放在问卷的开头。访问式问卷的开头一般非常简短，自填式问卷的开头可以长一些，但一般以不超过300字为宜。

（三）主体

该部分是问卷的核心，包括问卷所要调研的全部内容，主要由各种形式的问题、选项及指导语组成。

（四）编码

编码是为调研问卷中的每一个问题及备选答案统一设计代码，将问题变成数字代码的工作过程。编码方便后期对问卷进行分类整理。

（五）问卷证明记录

问卷证明记录包括调研者姓名、调研方式、调研时间、调研地点、被访者姓名或单位、地址、联系方式等。匿名调研不写被访者姓名。问卷证明记录一般放在问卷的最后面。

三、国际市场营销调研问卷设计的原则

（一）要有明确的主题

根据调研主题，从实际出发拟题，问题目的明确，重点突出。

（二）结构合理、逻辑性强

问题的设置要有一定的逻辑性，一般先易后难，先客观题后主观题，先简后繁。

（三）语言通俗易懂

问卷的语言应该通俗、明了，使被访者一目了然，并避免专业术语。对敏感性问题应采取一定的技巧调查，使问卷具有合理性和可答性。

（四）问卷长度控制

通常情况下，被访者回答问卷的时间要控制在 20 分钟以内，问卷中既不浪费一个问题，也不遗漏一个问题。

四、国际市场调研问卷设计的技巧

（一）确定问题类型

问卷设计的问题一般分为 3 种：开放式问题、封闭式问题和混合式问题。

1. 开放式问题

开放式问题是指调研者所提出的问题不列出具体的答案，被访者可以自由地运用自己的语言来回答和解释有关的想法的问题。例如：当您饿了，您想吃什么？

开放式问题的优点是回答比较灵活、能调动被访者的积极性，使其充分自由地表达自己的意见和想法；缺点是被访者的答案各不相同，标准化程度比较低，资料的整理和加工比较困难。

2. 封闭式问题

封闭式问题是事先将问题的各种答案罗列出来，由被访者根据自己的认识看法来选择答案。例如：

您购买服装，会考虑哪些因素？（多项选择题）
A. 价格　　B. 款式　　C. 颜色　　D. 品牌　　E. 质量

封闭式问题的优点是标准化程度比较高，回答问题比较方便，被访者只需要在选项中选出适合自己的即可。缺点是给出的选项未必是被访者想要选择的选项，同时也给被访者造成了一定的误导。

（二）问题的表达要简洁、明了

① 问题要尽量短而明确，避免使用长而复杂的语句。
② 提问用词要具有针对性，避免一般性的问题。
③ 提问用词要准确，避免使用双重否定来表示肯定的意思，避免使用一些专业术语。
④ 提问要中性化，避免带有诱导性或倾向性的提问。
⑤ 提问应该是被访者能够且愿意回答的问题，避免尴尬。
⑥ 提问应避免一问两答。

（三）问题的排列顺序

一份调研问卷由许多问题组成，每个单独提问设计好后，下一步就要考虑如何将它们按一定顺序纳入问卷中。问题排序须遵循预热效应、逻辑效应、漏斗效应、激励效应的原则。

思考

广州某机械出口公司，决定开拓墨西哥市场。在市场开拓之前，公司决定对墨西哥市场展开一次调研。其调研问卷的设计结构有哪些？

国际市场调研常用英文

① research 调研
② observation method 观察法
③ experiment method 实验法
④ original 一手
⑤ second hand 二手
⑥ information 信息
⑦ supply 供给
⑧ demand 需求
⑨ income 收入

第二章 国际市场营销调研

相关链接

三井物产公司的"三井环球通信网"

三井物产公司的"三井环球通信网"是日本几大综合商社海外信息网中最具有代表性的,派遣的驻外人员有1 000多人,雇用当地人员2 000多人;共有5个计算机控制的通信中心,与世界上79个国家的133个分支机构进行昼夜不停的联络。各通信中心之间通过人造卫星进行联系,各种信息输入计算机后由计算机自动传输,一般通信通常只需要四五分钟即可传递给远方的收件人,每天的通信总量达2万次以上。三井物产公司依靠这个通信线路长达40万千米的庞大的、昼夜不停的通信网,注视着世界每一个角落的风云变幻,掌握着世界各地的经济动向和贸易所需要的任何一个哪怕是极其微小的情报,以提高三井物产公司在世界贸易中的竞争能力。

日本获得经济信息的速度是十分惊人的:50至60秒即可获得全世界各地金融市场行情;1至3分钟即可查询日本与世界各地进出口贸易商品品种、规格的资料;3至5分钟即可查询并调用国内外1万个重点企业当年或历年经营生产情况的时间系列数据;5至10分钟即可查询或调用政府制定的各种法律、法令和国会记录;5分钟即可利用数量经济模型和计算机模型模拟出国际、国内经济因素变化及可能给宏观经济带来影响的变动图和曲线;可以随时获得当天全国各地汽车销售、生鲜食品批发及销售市场产量、销量、存量、价格变动等情况。

习题

一、单项选择题

1. 国际市场营销调研的第一个环节是( )。
   A. 问卷设计　　　　　　　　B. 数据分析
   C. 确定问题及目标　　　　　D. 撰写调研报告
2. 以下( )途径获得的信息属于二手资料。
   A. 通过访谈　　　　　　　　B. 图书资料
   C. 通过问卷调查　　　　　　D. 市场试验
3. 调查人员在现场从旁观察,记录被访者的活动的方法称为( )。
   A. 市场调研方法　　　　　　B. 观察法
   C. 旁观法　　　　　　　　　D. 顾客意见法
4. 被调查者可以自由地运用自己的语言来回答和解释有关的想法的问题,

是( )。

  A．开放式问题 B．封闭式问题 C．客观题 D．问答题

 5．了解目标国市场的语言文化、美学文化、宗教文化等，这是( )。

  A．经济调研 B．文化调研 C．政治法律调研 D．科技调研

二、问答题

1．国际市场营销调研的主要内容是什么？

2．国际市场营销信息来源的渠道有哪些？

3．国际市场营销调研问卷的基本结构是什么？

三、案例分析题

1．广州某家具出口企业计划开拓阿联酋市场，外销业务人员小A负责市场调研工作。现企业项目预算资金短缺。

问题：小A应该采用哪种调研渠道？为什么？

2．广州某调味品出口企业计划开拓英国市场，外销人员小C负责市场调研工作。该企业决定采用直接调研渠道开展调研活动。

问题：关于国外客户情况的调研有哪些方面？

第三章
国际市场营销环境

学习目标

本章主要介绍了国际市场营销的宏观、微观环境,分析了环境对企业的影响,指出企业对周围环境的适应性在很大程度上决定了企业的成败与兴衰。通过本章的学习,希望学生具备以下能力。

1. 了解国际市场营销环境的特点及分类,掌握国际市场宏观环境分析的内容,并能根据搜集的资料针对企业的情况进行宏观环境分析。

2. 了解国际市场微观环境分析的主体内容,并能根据其内容进行微观环境分析。

3. 了解贸易国(地区)商业习惯。

导入案例　美国罐头大王的发迹

1875年,美国罐头大王亚默尔在报纸上看到一条"豆腐块新闻",说是在墨西哥畜群中发现了病疫。有些专家怀疑是一种传染性很强的瘟疫,亚默尔立即联想到,毗邻墨西哥的美国加利福尼亚、得克萨斯州是全国肉类供应基地,如果瘟疫传染至此,政府必定会禁止那里的牲畜及肉类进入其他地区,造成全国的供应紧张,价格上涨。于是,亚默尔马上派他的家庭医生调查,并证实了此消息,然后果断决策,上涨价格:倾其所有,从加、得两州采购活畜和牛肉,迅速运至东部地区,结果一下子赚了900万美元。

分析:墨西哥畜群发生病疫,可能牵连到美国加、得两州肉类向美国东部地区供应,亚默尔很快看到这一营销环境变化给企业带来的市场机会,果断倾其所有,从加、得两州采购活畜和牛肉销至东部地区,变潜在市场机会为公司市场机会,结果赚了大钱。

第一节　国际市场营销环境概述

一、国际市场营销环境的概念及特点

（一）国际市场营销环境的概念

国际市场营销环境是指各种直接或间接影响和制约国际市场营销的外部因素的集合。或者说，国际市场营销环境相当于国际市场营销的外部条件。

（二）国际市场营销环境的特点

1. 外部性

国际市场营销环境属于企业的外部因素，从外部对企业的国际市场营销活动产生制约和影响。

2. 复杂性

国际市场营销环境的复杂性体现在涉及的要素比较多。

3. 动态性

国际市场营销环境处在不断发展变化的过程中，因此表现出一定的动态性。

4. 层次性

国际市场营销是在世界市场进行营销活动，而整个世界市场又表现出一定的层次性，因此国际市场营销环境具有层次性。

5. 综合性

国际市场营销环境的各要素之间相互联系、相互影响，并具有一定的密切相关性。

二、国际市场营销环境的分类

（一）按影响范围的大小分类

1. 微观环境

微观环境是指国际企业在国际营销活动中所面临的对其直接或间接产生影响和制约作用的因素。例如，供应商、营销中介机构、顾客、竞争者和公众等。

2. 宏观环境

宏观环境主要包括政治环境、经济环境、自然环境、科技环境等。这些宏观环境对企业的营销活动产生直接的影响,是企业不可控制的因素。

(二) 按控制的难易程度分类

1. 可控环境

可控环境指的是对企业的活动乃至整个企业的应变能力、竞争等产生影响的、企业可以控制的内部环境。

2. 不可控环境

不可控环境指的是对企业的市场营销活动产生影响的、企业难以控制和改变的各种外部环境。不可控环境主要是企业的外部宏观环境。

(三) 按影响的时间长短分类

1. 长期环境

对企业市场营销活动影响的持续时间较长。

2. 短期环境

对企业市场营销活动影响的持续时间较短。

> **思考**
>
> 广州某机械出口公司,决定开拓墨西哥市场。在市场开拓之前,公司决定对墨西哥市场展开一次调研。请问:调研的宏观环境包括哪些?微观环境包括哪些?如何区分可控环境与不可控环境?

第二节 国际市场营销宏观环境

随着全球经济一体化趋势的发展,企业在进入国际市场的过程中,需要关注国际市场的宏观环境对企业的影响,具体包括人口环境、经济环境、文化环境、法律环境、科技环境。

一、人口环境

(一) 人口数量

人口数量是决定市场规模和潜量的一个基本要素。在收入不变的情况下,人口越多,对生活必需品的需求就越多,市场也就越大,企业就越容易在这个国家发现市场机会。例如,我国有13亿多人口,决定了我国的市场潜力很大,企业的市场营销机会也多,也就吸引着外国企业纷纷到中国投资建厂。

(二) 人口增长率

人口的增长率是经常变动的。人口增长率的变化对市场需求将产生直接影响。例如,一个国家的人口增长率很高,就会拉动对食品、服装、日用品等生活必需品的需求,这样市场的吸引力就会增加。同时,如果这个国家的人口增长过快,也会影响经济的发展,不仅降低了人均收入水平,还导致对一些高档品、耐用消费品需求的减少。

(三) 人口结构

人口结构包括人口的年龄结构、性别结构、家庭结构3个方面。

1. 年龄结构

不同年龄段的消费者具有不同的消费心理、价值观念、兴趣爱好和生活习惯。这就决定了他们对商品的需求是不一样的,因而决定了企业需要根据不同年龄段消费者的特点进行市场细分,以满足不同年龄段消费者的需求。例如,年轻人需要体育健身用品,而老年人需要医疗保健品,这就需要企业根据这两种不同的年龄结构生产不同的产品。

2. 性别结构

性别不同使得在购买习惯和购买行为上有很大的不同。例如,男性的购买习惯相对比较理性,他们一般对汽车、家电、IT产品的需求比较大;而女性的消费比较感性,一般对服装、化妆品、日用品的需求比较大。一般来说,在一个国家或一个地区男女总数相差不同,性别结构比较稳定,但在某些行业相对集中的较小地区男女比例可能会有一些变化,企业可以由此根据产品的性别属性制定不同的营销策略。

3. 家庭结构

家庭是社会的细胞,也是商品购买、消费的基本单位,家庭的数量直接影响到某些商品的数量。我国目前主要的家庭形式有:三口之家和非家庭住户。这些特点必然刺激住房、家用电器等需求的增长。

案例

世界人口最多的前10个国家及未来预测,如表3.1所示。

第三章 国际市场营销环境

表 3.1 世界人口最多的前 10 个国家及未来预测   亿人

\multicolumn{3}{c	}{2005 年}	\multicolumn{3}{c}{2050 年（预测）}
位 次	国 家	人口数	位 数	国 家	人口数
1	中国	13.04	1	印度	16.28
2	印度	11.04	2	中国	14.37
3	美国	2.96	3	美国	4.20
4	印度尼西亚	2.22	4	印度尼西亚	3.08
5	巴西	1.84	5	巴基斯坦	2.95
6	巴基斯坦	1.62	6	巴西	2.60
7	孟加拉国	1.44	7	尼日利亚	2.58
8	俄罗斯	1.43	8	孟加拉国	2.31
9	尼日利亚	1.32	9	刚果	1.83
10	日本	1.28	10	埃塞俄比亚	1.70

二、经济环境

经济环境是指企业进行市场营销时所面临的外部社会经济条件。国际市场营销活动必然受到各国经济环境的影响,主要包括经济发展阶段、经济特征、消费者收入。

（一）经济发展阶段

一个国家的经济发展处于不同的阶段,人们的收入水平就会不同,消费者对产品需求的数量和结构就会产生差别,从而对企业的国际市场营销活动产生影响。美国的经济学家沃特·罗斯托的经济成长阶段论认为经济增长划分为 6 个阶段,具体包括传统社会阶段、起飞准备阶段、起飞阶段、趋向成熟阶段、高度消费阶段、追求生活质量阶段。前 3 个阶段属于发展中国家,后 3 个阶段属于发达国家。企业根据目标市场国家所处的不同阶段,采取不同的国际市场营销策略。

（二）经济特征

经济特征是指除了反映市场潜量的指标之外,还反映经济最本质的一些因素。例如,经济体制、通货膨胀率、经济增长速度。

1. 经济体制

一国的经济体制反映出该国政府对经济的干预程度,从而影响企业的国际市场营销活动。在不同的经济体制下,政府对市场的干预程度有所不同,在市场经济体制下,政府对市场的干预度不高,因此给予了国外企业更多的空间;而在计划经济体制下,政府对市场的干预度比较高,对外来产品和投资管制比较严,不利于国际市场营销活动的开展。

2. 通货膨胀

高通货膨胀率意味着实际收入水平和购买力的下降,消费水平也会下跌。同样,高通货膨胀率也意味着一国货币将贬值,进口商品的价格相对提高,人们会转向购买国产商品。

3. 经济增长速度

经济增长速度的快慢,直接影响着在国际市场的购买能力。例如,某国的经济增长速度比较快,意味着该国的国民生产总值和人均国民收入水平提高,使得人们的购买力水平也得到提高,需求增加,国际市场营销的机会也就会增大。

(三) 消费者收入

消费者的收入水平是影响购买力水平的关键因素,收入太低,购买力也就相对低,市场则会相对比较狭小。消费者收入包括个人收入、个人可支配收入、个人可任意支配收入。

① 个人收入指的是个人的全部收入。

② 个人可支配收入指的是个人收入中扣除税款和非税性负担,如强制性保险等之后的余额。

③ 个人可任意支配收入指的是收入扣除维持个人、家庭生活的必需费用和固定费用后的余额。

小·知识

随着家庭和个人收入的增加,收入中用于食品方面的支出比例将逐渐减小,这一定律被称为恩格尔定律,反映这一定律的系数被称为恩格尔系数。食物开支占总消费的比重越大,恩格尔系数越高,生活水平就越低;反过来,食物占比越小,恩格尔系数越低,生活水平就越高。整个社会经济发展水平越高,用于食物消费部分支出的比重就越小。

三、文化环境

在国际市场营销活动中,文化的影响无处不在,直接影响着人们的价值观、思维习惯、生活方式和消费习惯。在不同文化背景下,人们对商品和服务的需求不同,从而对企业的国际市场营销活动提出了相应的要求。文化环境主要包括以下几项。

(一)语言文化

要进入国际市场,就必须了解掌握各国的语言文字,这对于交流沟通、创造亲和力、掌握市场信息、做好产品介绍与宣传广告工作有着重要的作用。同时,企业还必须掌握目标市场国家语言的准确含义,了解它与本国语言文化的差异,避免翻译上的失误。例如,宝洁公司的高露洁牙膏 Cue,在法语中 cue 意为"屁股",故在法语国家销路不好。

(二)宗教信仰

目前,信仰宗教的人口在世界总人口75亿中约占48亿,宗教作为一种历史性的文化现象,直接影响着人们的价值观、生活方式、风俗习惯和消费行为。例如,在西方国家,宗教节日往往都是销售的高峰期——美国的圣诞节、西亚的朝圣节等,企业可以利用这些宗教节日扩大产品销售。

(三)消费习俗与禁忌

各个国家和地区、民族都有自己的历史传统和风俗习惯,不同的消费习俗会引发不同的商品需要,国际市场营销者应该做到"投其所好、避其所忌"。例如,中国人的主食是米、面制作的米饭、馒头、面条等,而西方人的主食则是面包;中餐讲究色、香、味、形,日本饮食则强调清淡且喜欢吃鱼,等等。

小知识

1. 数字禁忌

在我国香港、日本、新加坡、韩国、马来西亚,人们不喜欢用数字4;在非洲和新加坡,人们不喜欢用数字7;在欧洲其他国家,人们不喜欢用数字13。

2. 动、植物禁忌

① 伊斯兰教国家:熊猫。
② 英国:山羊。
③ 欧洲:大象、孔雀(认为是祸鸟)。
④ 非洲北部和泰国:狗。
⑤ 非洲和法国:仙鹤。
⑥ 印度:公鸡和棕榈树。
⑦ 中国:猫头鹰。

⑧日本:荷花、狐狸和獾。

3．颜色禁忌

①保加利亚:鲜绿色(代表无政府主义)。

②法国和比利时:墨绿色(代表德国纳粹军服的颜色)。

③加纳:橘黄色(代表丧服色)。

④瑞士:黑色(代表丧服色)。

⑤巴西:紫色(代表悲哀)、暗茶色(代表不幸)、黄色(代表绝望)、深咖啡色(会招来不幸)。

⑥美国人:红色(代表挑衅和动荡)。

⑦伊斯兰教国家:黄色(代表死亡)。

小知识

中国人礼品的演变

中国人送礼的习惯不会变,但随着时代的变迁,经济条件的变化,竞争的激烈,礼品构成发生了重大的变化。按年代简要归纳如下。

①1960至1970年:粮票、布票、钢笔、日记本、马列著作和红宝书。

②1970至1980年:烟酒、点心、罐头、手表、首饰、自行车。

③1980至1990年:高档烟酒、股票、高档手表、冰箱、彩电、录像机。

④1990年以后:五花八门,如笔记本电脑、商务通、手机、代币券、购物卡、出国游、会议、度假等。

礼品的基本趋势是:传统的没有少,新的层出不穷,花样越来越多,价值越来越高,送礼表达方式越来越隐蔽。

四、法律环境

国际法律环境是对企业从事国际市场营销活动产生影响的各项法律法规的总称。企业在东道国开展国际市场营销活动,必须了解和遵守相关的法律法规,并依照相关法律开展国际市场营销活动,具体包括对国际市场营销组合的产品、价格、分销、促销。

(一) 产品

世界上很多国家都有针对产品的法律法规的规定,主要集中在对产品的物理、化学性能的规定和产品安全的标准上。还有一些国家对产品的责任法、商标法、专利法、商品质量与包装法等有要求。例如,在商标的名称上,各国有不同的规定,英国禁止使用大象、山羊、公鸡等特定动物作为商标名称;印度规定商标中不得使用河流、山川的名字。

(二)定价

世界各国政府为了保证正常的经济秩序,都对产品的价格制定了相应的法律法规,控制产品的价格。例如,价格法、反垄断法、反倾销法等。尤其针对公共事业产品、生活必需品、药品,各国政府都会实行价格管制。例如,阿根廷政府规定制药行业的标准利润率为11%;比利时政府除对药品实施最高限价外,还将批发商和零售商的毛利润率分别限定为12.5%与30%。

(三)促销

各国对促销的法律各不相同,主要表现在广告法、反不正当竞争法、税法等方面。

尤其针对广告促销,各国的管理都相对比较严格。例如,法国禁止在电视和广播节目中做酒类和香烟类广告,不许在电视节目中插播广告、只能成组播放广告,并规定一家企业的电视广告不能超过整个电视广告的8%;奥地利规定商业广告的时间不能超过30秒。针对促销方面的限制,各国也有所不同,如奥地利规定不得对不同消费群体给予有差别的现金折扣,芬兰法律禁止企业在销售过程中使用"免费"字眼等。

(四)分销

世界各国的法律对分销渠道策略的规定比较少,因此从事国际市场营销的企业选择分销渠道的自由度比较大。虽然如此,一些国家还是做了明确的规定,如法国特别禁止挨家挨户推销产品。

小知识

美国是世界上出口管制最严的、最为广泛的国家,美国在由商务部实施的《出口管理法》和国务院实施的《军火管制法》的基础上,构建了出口管制系统,控制着所有商品、服务和知识产权的出口。政府管理机构与其他机构进行磋商,列出一个清单,其上的商品被称为敏感性商品,并且按照与美国政治关系的不同,对出口管制的商品分别列出名单和表格。除此之外,美国还将那些被认定有过贸易转移行为的不可靠伙伴企业也列入出口管制的名单。

五、科技环境

科技环境包括本国、目标市场国和国际的科技发展水平,科技成就及其应用状况,科技结构及变化趋势,目标市场国消费者对新技术的接受能力等。科学技术对国际市场营销的影响主要表现在以下几个方面。

(一)科技对国际市场营销效率的影响

信息技术革命带来了全球通信便捷,使得远程办公、远程会议和远程管理成为可能。特别是电子商务的兴起使世界范围内的网上交易飞速增长,大大降低了企业交易成本,使企业和消费者之间、企业和企业之间的沟通更加方便、快捷。

(二)科技对产品策略的影响

对产品实行技术创新提高产品的技术含量是企业的重要竞争策略;技术发展日新月异,产品设计、开发和使用周期缩短,产品创新时长成为决定产品策略成败的关键因素。

(三)科技给企业的国际市场营销带来机会与威胁

科学技术的发明和应用使一大批新行业涌现出来,新产品层出不穷,新的产业取代旧的产业,使传统产业受到很大冲击。例如,太阳能、核能技术的发明应用取代了传统的水力发电和火力发电,晶体管取代电子管,复印机取代打字机,数码相机取代传统相机。但这也给新型企业创造了机会。

第三节 国际市场营销微观环境

一、国际市场营销微观环境的含义

国际市场营销的微观环境主要是指直接影响企业营销活动发生的组织和力量,包括企业内部本身、供应商、营销中介、顾客、竞争对手和社会公众。

二、国际市场营销微观环境的主体

供应商—企业—营销中介—顾客这一条链条构成了企业的核心市场营销系

统。一个企业的成功,还受到另外两个群体的影响,即竞争者和公众。

这些影响因素与企业市场营销活动有着十分密切的联系,并对企业产生直接的影响,如企业在选择供应商时,需要了解供应商的数目、规模及分布,并着重分析本企业对其所供产品的依赖程度及对本企业供货占其全部产品的比例等;企业在分析竞争对手时,应着重分析竞争者的数目、竞争者的规模和能力、竞争者对竞争产品的依赖程度、竞争者的市场营销策略等。

(一) 企业自身

企业开展市场营销活动要充分考虑到企业内部的环境力量。企业内部设立了行政、财务、采购、生产、市场营销等部门。市场营销部门又由品牌、管理、市场营销研究人员、广告及促销专家、销售经理及销售代表等组成。市场营销部门在制订和执行营销计划的过程中,必须与企业的其他职能部门相互配合,共同协作。

为了完成工作,各部门之间不仅有合作,也存在一定的摩擦。例如,生产部门关注的是长期生产的定型产品,要求品种规格少、批量大、标准订单、较稳定的质量管理,而市场营销部门注重的是能适应市场变化、满足目标消费者需要的"短、平、快"产品,要求多品种规格、少批量、个性化订单、特殊的质量管理。因此,在这个过程中,必须协调好各部门之间的矛盾和关系,才能实现市场营销目标。

(二) 供应商

供应商是指向企业及其竞争者提供生产产品和服务所需资源的企业或个人。

它所提供的资源主要包括原材料、设备、能源、劳务、资金等。它对企业的市场营销活动的影响程度主要表现在以下几个方面。

① 资源供应的可靠性。这是指资源供应的保证程度。它直接影响到企业产品的销售量和交货期。

② 资源供应的价格及其变动趋势。这将直接影响到企业的产品成本。

③ 供应资源的质量水平。这将直接影响到产品的质量。正是由于资源供应对企业营销活动起着重要的作用,因此企业要重视与供应商的合作和采购工作。

(三) 营销中介

营销中介是指直接或间接地参与企业产品分销活动的其他企业或个人,包括中间商、物流公司、营销服务公司和金融机构等。

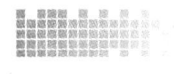

1. 中间商

中间商是指把商品从生产者流向消费者的中间环节和渠道,主要包括经销中间商和代理中间商。中间商对产品从生产者流向消费者,帮助企业寻找顾客起着重要作用。因此,中间商的服务质量、销售效率、销售速度等直接影响到产品的销售。

2. 物流公司

物流公司是负责把产品从生产地运往销售地的单位,包括仓储公司和运输公司。仓储公司主要负责货物运输过程中的储存和保管;运输公司主要包括铁路、公路、航空公司等。每个企业都需要对成本、运送速度、安全性和交货方便性等因素进行综合考虑,选用成本最低而效率最高的运输方式。

3. 营销服务公司

营销服务公司帮助生产企业选择合适的市场,并帮助企业向选定的市场销售产品。例如,广告公司、财务公司、调研公司等。有的公司有自己的广告代理人和市场调研部门,但大部分企业都与专业公司以合同方式委托其办理这些事务。

4. 金融机构

现代生活中,企业的财务往来通过银行账户进行,因此企业与金融机构存在着一定的联系。金融机构包括银行、信用公司、保险公司等。

(四) 顾客

顾客是指使用进入消费领域的最终产品或劳务的消费者。这也是企业市场营销活动的最终目标。企业的一切市场营销活动都是为了满足顾客的需求,顾客是企业的目标市场。顾客的范围比较广泛,根据企业的目标市场可以分为以下5种顾客。

1. 消费者市场

个人或者家庭为了生活消费而购买或租用商品或者劳务的市场。

2. 工业市场

组织机构为生产其他产品及劳务和服务而购买产品与劳务,以达到盈利或其他的目的而形成的市场。

3. 转卖市场

批发商或零售商为了盈利,把产品或劳务转卖给第三方而形成的市场。

4. 政府市场

政府机构购买产品及劳务以提供公共服务或把这些产品及劳务转卖给其他需要的人而形成的市场。

5. 国际市场

这是指由国外的消费者、生产者、转卖者、政府机构等所组成的市场。

（五）竞争者

企业的竞争者一般是指与自己争斗市场的其他企业。其范围很广,不仅有从行业、产业角度看,提供相同或相似、相近、可相互替代的产品或服务的企业,而且从市场、顾客的角度看,还有为相同或相似顾客提供服务的企业。

1. 竞争者分析的内容

① 竞争企业的数量有多少。

② 竞争企业的规模和能力的大小、强弱。

③ 竞争企业对竞争产品的依赖程度。

④ 竞争企业所采取的市场营销策略及其对其他企业市场营销策略的反应程度。

⑤ 竞争企业能够取得优势的特殊材料来源及供应渠道。

2. 竞争者的种类

（1）愿望竞争者

所谓愿望竞争者是指提供不同产品以满足消费者各种当前不同愿望的竞争者。例如,一位消费者近期有好几个愿望,如既想出去旅游,又想购买一台电脑,还想买一套化妆品。如何让消费者购买电脑,而不是化妆品和旅游,就是一种竞争关系,它们互为愿望竞争者。

（2）一般竞争者

一般竞争者是指提供满足同一种需求的不同产品的竞争者。例如,某消费者想去外地,想选用一种交通方式,是购买火车票,还是飞机票,还是打出租车呢？那么提供火车票、飞机票和出租车服务的公司之间就在这个市场上形成了竞争关系,互为一般竞争者。

（3）产品形式竞争者

产品形式竞争者是指向一家企业的目标市场提供种类相同,但质量、规格、型号、款式、包装等有所不同的产品的其他企业。例如,某消费者想购买一台电脑,那么提供电脑的所有生产商之间就形成了竞争关系。

（4）品牌竞争者

品牌竞争者是指向企业的目标市场提供种类相同,产品形式也基本相同,但品牌不同的产品的其他企业。例如,通用汽车公司以福特、丰田、本田及其他提供同种档次的轿车的制造商为主要竞争者,而并不把生产其他类型轿车的公司看作是自己的竞争者。

（六）公众

公众就是对一个企业完成其目标的能力有着实际或者潜在兴趣或影响的群体。主要的公众有以下几种类型。

1. 金融公众

金融公众对企业的融资能力有重要的影响。例如，银行、保险公司、投资公司等。

2. 媒体公众

媒体公众是指报纸、杂志、广播、电视、互联网等具有广泛影响的大众传播媒体。

3. 政府部门

企业管理部门在制订市场营销计划时，需要认真研究与考虑政府发布的政策与措施，从中寻找机遇。

4. 社团公众

社团公众是指与企业营销活动有关的非政府机构，如消费者组织、环境保护组织，以及其他群众性团体。

5. 社区公众

社区公众是指企业所在地附近的居民和社区组织。企业需要与社区公众保持良好关系，树立良好的企业形象。

6. 内部公众

内部公众是指企业内部的全体员工，如董事、经理及企业的所有员工。企业的市场营销活动离不开内部公众的支持，内部公众的态度也会影响到外部的公众。

7. 一般公众

一般公众是指除社团公众和内部公众以外的居民、员工或团体组织。一般公众虽然不会有组织地对企业采取行动，然而他们对企业的印象却影响着消费者对企业及其产品的看法。

> **思考**
>
> 广州某机械出口公司，决定开拓墨西哥市场。在市场开拓之前，公司决定对墨西哥市场展开一次调研。请问：在调研微观环境的过程中，需要调研哪些微观环境？

第四节　贸易国（地区）商业习惯分析

一、美国商人的商业习惯

与美国人打交道时，时常会发现他们大都比较喜欢运用手势或其他体态语言来表达自己的情感。不过，下列体态语言却为美国人所忌用：盯视他人；冲着别人伸舌头；用食指指点交往对象；用食指横在喉咙之前。美国人认为这些体态语言都具有侮辱他人之意。跟美国人相处时，与之保持适当的距离是必要的。美国人认为，个人空间不容侵犯。因此，在美国碰到了别人要及时道歉、坐在他们身边要先征得对方同意、谈话时距对方过近是失敬于人的。

美国人做生意比较讲究效率，希望按照行程来安排工作，不喜欢拖延。美国人做生意是不送礼的，接受礼品的美国人被视为受贿，会受到公司的制裁。美国人最关心的首先是商品的质量，其次是包装，最后才是价格。因此，商品质量的优劣是能否进入美国市场的关键。例如，跟美国人进行商务谈判，他会抱怨对方的产品质量太差、价格太高，可能会毫无顾忌地拒绝与对方做生意。美国商业比较注重财务指标，认为用数据说话比较有说服力。美国是一个法制比较健全的国家，谈判中的每一个细节都会以法律化的形式体现出来。

美国人十分重视时间观念，对交货期和交货效率很在意。因此，与美国人做生意，在报出交货期的时候要给自己留有余地，并在最后期限前交货以获得良好印象。

小·知识

同样一个用拇指和食指做成一个圈，美国人表示"OK"，即好或赞许的意思；法国人表达的是"零"或"没价值"；对日本人来说意味着"钱"；巴西、意大利、希腊人则认为是一种粗鲁的动作，是侮辱人的意思。

美国一家公司的饮料广告画面是：左边是一个沙漠中焦渴的青年；中左图示该青年看到该品牌饮料，眼中放光；中右图示畅饮后该青年生机勃勃的样子。按从左往右阅读的习惯，该广告的含义不言而喻。然而在中东等习惯从右往左阅读的国家和地区，该广告向潜在消费者传递的信息却是饮用这种饮料将越喝越渴！

人与人交谈或聚集时可以接受和感到舒服的距离，北美人、北欧人比南美

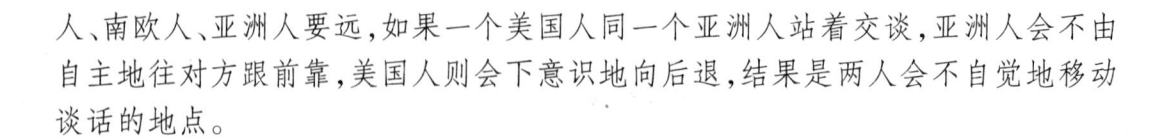

人、南欧人、亚洲人要远，如果一个美国人同一个亚洲人站着交谈，亚洲人会不由自主地往对方跟前靠，美国人则会下意识地向后退，结果是两人会不自觉地移动谈话的地点。

二、日本商人的商业习惯

拜访日本商人之前，要预先与主人约定时间，进门前先按门铃通报姓名。当在屋内就座时，背对着门坐是有礼貌的表现，只有在主人的劝说下，才可以移向尊贵位置。日本人不习惯让客人参观自己的住房，所以不要提出四处看看的请求。

日本人比较看重合作商的个人信用，在与对方合作之前，会多方打听了解交易对象的相关信息，只有确认过对方信用良好，才会愿意与对方建立合作关系。日本商人比较重视长远合作，所以他们一般不急于做出决定，但一旦做出承诺，就会严格执行。达成交易后，日本商人比较讲究商品的外观，追求精美商品。日本商人严格要求商品质量和按期交货，尤其对退货条件，无论是买断式进货，还是委托贩卖式进货和消化式进货，商品卖不出去就要求退货，被日本商人认为是合情合理的。

日本商人认为，买卖双方在交易过程中，卖方支付给买方回扣是常见现象。这种回扣制度，有利于促成买方成为回头客，拉近买卖双方的心理距离，赢得买方的好感，或者可以节省交易成本。对于这种回扣制度，没有统一的支付标准，形式和数量也有所不同。

日本等级制度意识严重，这种现象在日本企业中也明显存在，对于比自己地位高的人，一定要绝对服从。在与日本商人初次交往的过程中，一定要准备好名片，以便对方知道你的具体身份和地位。与日本人做生意，不宜选派太年轻的人担任谈判代表，并尽量少派女性担任谈判代表。

> **思考**
>
> 广州某玩具出口公司外销业务人员小 A，约见日本客户商谈玩具出口事宜。请问：在与日本客户见面之前，小 A 需要了解哪些事宜？

三、欧盟人的商业习惯

欧盟已成为世界上最大的经济体，其经济总量已经超过美国。由于欧盟国家成员多，语言各异，风俗习惯各不相同，商业习惯也不一样。

德国人比较严谨,办事认真,讲究效率,购物喜欢打折,但不喜欢讨价还价;法国人喜欢聊天,但不太守时;意大利人情绪多变,效率不高,但比较节约;希腊人缺乏远见,且喜欢讨价还价。

给欧盟人送礼物,要避免红色玫瑰和百合花,避免出现双数和数字13,也不要用纸去包花。而且,不要送太贵重的礼物,否则可能被误认为贿赂对方。同时,欧盟各国的作息时间不统一,而且在商务谈判及应酬方面要区别对待。

四、拉美人的商业习惯

与拉美商人第一次见面,要不停地握手,以表示礼貌和互相尊重;出席拉美商人的正式会议,要穿深色西服;商务谈判中拉美商人迟到是比较常见的,有时甚至迟到一小时;与拉美商人谈成一笔交易,会比较晚才能收到货款;如果要给拉美商人送礼,要等到个人关系建立起来以后才能进行,但在与拉美商人谈生意时还要需要备一些小礼品的。

国际市场营销环境分析常用英文

① politics　政治
② law　法律
③ economy　经济
④ name card　名片
⑤ war　战争
⑥ lawyer　律师
⑦ capitalism　资本主义
⑧ socialist　社会主义
⑨ business practices　商业习惯
⑩ the developed country　发达国家
⑪ the developing country　发展中国家
⑫ commercial law　商法

相关链接

开拓老龄市场

日本的罗森(lawson)公司改装了旗下多家便利店,开始为老年人提供聊天室和按摩椅等服务,改装后的分店比普通分店的营业额有时高出50%。一些街区的零售商也开始为老年人提供便利服务,从五金器具到理发,都为老年人提供上门服务。

针对老年人的玩具早已成为市场热点。在美国,纽约最繁华的商业大街上不乏老年人玩具公司,玩具企业40%的产品是专为老年人设计的。日本厚生省还推出了老年人玩具机器宠物工程,其与松下公司联手研制的机器猫"塔玛"和机器熊"库玛"除了会主动找老人聊天外,还能自动记录与老人的交流过程,帮助护理人员熟悉老人的生活状态。日本一家玩具公司推出的"克隆人"玩具,一面世就风靡市场,只需老人们提供孙子或孙女的照片、录像带等详细资料,该公司就可以"克隆"出与客户要求完全相符的"克隆人"玩具。它具有陪老人聊天、唱歌、祝福节日等功能,满足了老人对子孙的思念之情。相比之下,中国老龄市场还有很大的发展空间。

巴基斯坦简介

巴基斯坦伊斯兰共和国(Islamic Republic of Pakistan)位于南亚,东与印度比邻,南面是印度洋,西与伊朗接壤,西北和阿富汗相连,东北面可通往中国的新疆。在乌尔都语中,"巴基斯坦"这个源自波斯语的词的意思为"圣洁的土地"或清真之国。以前首都是卡拉奇,现在首都是伊斯兰堡。巴基斯坦是一个多民族的伊斯兰国家,95%以上的居民信奉伊斯兰教。乌尔都语为国语,英语为官方语言。巴基斯坦和印度原是一个国家,后沦为英国殖民地。1947年印巴分治宣告独立。中巴是山水相依的友好邻邦,巴基斯坦是中国最坚定的盟友之一,具有全天候友谊,开展全方位合作。2005年,两国建立战略合作伙伴关系。

习题

一、单项选择题

1. 下列选项中不属于国际市场营销微观环境的是(　　)。
   A. 人口增长率　　B. 供应商　　C. 政府　　D. 新闻媒介
2. 企业进行市场营销时所面临的外部社会条件是(　　)。
   A. 经济环境　　B. 法律环境　　C. 文化环境　　D. 科技环境
3. 国际企业在国际市场营销活动中所面临的,对其直接或间接产生影响和制约作用的是(　　)。
   A. 宏观环境　　B. 法律环境　　C. 微观环境　　D. 文化环境
4. 由于教育水平的差异,导致各国居民对(　　)。

A．同一消费品偏好相同　　　　B．所有产品接受程度不相同
　　C．同一消费品偏好不同　　　　D．产品接受程度相同
5．下列属于环境中的可控因素的是(　　)。
　　A．营销组合　　B．经济环境　　C．政治环境　　D．文化环境

二、简述题

1．简述国际市场营销宏观环境及其涉及的因素。
2．举例分析国际市场营销微观环境对企业的影响及企业如何应对。
3．简述国际市场营销环境的分类。

三、案例分析题

　　三一集团有限公司(以下简称三一重工)召开收购全球混凝土机械第一品牌德国普茨迈斯特公司(Putzmeister)新闻发布会后,立即引起德国当地普茨迈斯特员工的抗议与不满,数百名员工聚集公司举行大规模集体抗议行动。三一重工高层对此强调不会进行裁员,但抗议活动仍为收购过程增添了许多不确定性。

　　德国当地员工表示,普茨迈斯特公司曾在之前营收下滑时,大幅度裁员数百人之多,现今则担忧公司被并购后,员工的家庭生计与工作机会将无法获得保障。此外,也对公司未事先告知员工并购信息表达强烈的不满。

　　针对德国当地员工的抗议与诉求,三一重工总裁向文波则指出,双方公司并购完成后,三一重工不会解雇任何一名德国当地员工,劳资双方将会通过工作的分工和扩充,有效提升普茨迈斯特公司的产品销售,并可增加德国当地的就业机会。

　　向文波更表示,并购后德国普茨迈斯特公司仍将保持独立运作,将继续专注全球高端市场运营,而三一重工则将致力于开拓中国的中低端消费市场,因此德国普茨迈斯特公司不会出现裁员状况。

　　然而,有律师指出,双方公司并购的争议点在于,此次三一重工的海外并购除了须获得中国发改委、商务部、国家外汇管理局等机构批准之外,其中更涉及德国政府机构及法令的核准问题,因此此次三一重工的海外并购能否顺利完成,仍存在不确定性。

　　问题：
　　(1)三一重工并购德国普茨迈斯特公司为什么会遭到普茨迈斯特公司员工的抗议？
　　(2)中国企业在国际化程度进程中会遇到哪些困难？
　　(3)影响中国企业开展国际营销的环境有哪些？

第四章
国际目标市场的细分与选择

学习目标

企业进入国际市场之前,首先要解决的是"企业的目标市场在哪里"的问题;其次是企业确定了目标市场后,如何在目标市场进行定位与竞争对手进行竞争;最后是企业如何选择进入目标市场的方式。通过本章的学习,希望学生具备以下能力。

1. 理解国际目标市场的相关理论知识点。
2. 会应用 STP 法进行目标市场的细分、选择和定位。
3. 会应用理论分析相关案例。

导入案例

Cub 食品超市环境与消费者购买行为

瓦尔斯太太最近特意去伊利诺斯州转了一趟美尔罗兹公园的 Cub 超市。它不是一般意义的杂货店。看着各种各样的食品摆放在桌子上,以及高达 30% 的价格折扣,瓦尔斯太太花了 76 美元买了一堆食品,比预算多花了 36 美元。Cub 的执行经理分析说:"瓦尔斯太太被规模宏伟这一视觉优势所征服。规模宏伟的优势就是货物花样繁多,加之价低所带来的狂热购物欲,这正是 Cub 仓储式超市所期待的效果,并且成功地实现了这个效果。"

当 Cub 和许多其他仓储式超市在全美雨后春笋般地出现后,消费者的购物习惯被改变。他们不再像以前在附近的杂货店购物,而是开车 50 公里以上到一个 Cub 店,并且把购物袋填得满满的。他们享受的好处是一个商店里可以买到他们想要买的任何东西,并且价格比别的超市便宜。Cub 超市的低价促销手段和规模宏伟等优势吸引了购物者在此大把大把地花钱,Cub 超市的顾客普遍地比在别的超市的开支多 3 倍。一般 Cub 超市的销售额是每星期 80 万美元到 100 万美元,是一般超市的 4 倍。

当购物者跨进 Cub 超市的那一刻,便感觉与其他超市的不同之处:宽阔的通道两端堆满了两层高的各种各样的食品,如 2 美元 1 磅的咖啡

第四章 国际目标市场的细分与选择

豆、半价出售的苹果汁等。这些反映在购物者头脑里的意思就是：可以省一大笔钱。

Cub 超市的购物车出奇的大，预示着大量购物的情境，并且可以很轻易地通过宽大的走廊，使购物者很容易进入高价区，也使人忍不住想去食品区。总之，整个超市给人一种吸引人的感觉。商场有导购图引导购物者购物。即使没有导购图或无目的地闲逛，购物者也会被宏伟宽大的走廊牵着鼻子走。宽阔的通道从农林牧产品区开始，延伸到高价的环形区域，这里出售肉、鱼、烧烤食品、冷冻食品。高价食品被放在新鲜肉类之前的区域，目的是使顾客将家庭预算开支花在必需品之前购买那些忍不住想买的高价品。

Cub 超市对零售杂货有一个简单的方法，即通过严格压低成本和薄利多销的方法低价售货，对于农林牧产品和肉类保证高质量和多品种。这些食品需求者通常愿意开着车多走几个地方，当这些食品在干净的、比仓库式加工厂大 1 倍、比一般超市大 3 倍的区域被包装时，就增加了消费者的购买欲望。一个 Cub 超市通常有 25 000 种货物，是一般超市的 2 倍，从大路货到奢侈品、稀有的不容易找到的食品样样俱全，这使得货架令人叹为观止。

总的来说，Cub 超市的利润率，即买进价和卖出价之间的差别是 14%，比一般超市低 6 至 8 个百分点。但是，由于 Cub 超市主要依靠顾客的口头宣传，因此其广告预算开支比其他超市连锁店低 25%。

第一节 国际目标市场的细分

一、市场细分的含义及作用

（一）市场细分的含义

市场细分的概念是美国市场学家温德尔·R. 史密斯于 1956 年提出来的。所谓市场细分，是指企业在市场调研基础上，根据某种标准将大而分散的国际市场划分为若干独立的且具有相似特征的子市场。处于同一细分市场的消费者被称为目标消费群，不同细分市场之间有着一定程度的差别。

(二) 市场细分的作用

1. 有利于企业发掘市场机会，开拓国际市场

企业在市场调研的基础上，对市场进行细分，可以对每一个细分市场的购买潜力、满足程度、竞争状况等进行分析比对，以了解消费者的具体需求，并给出针对性的市场营销方案。

2. 有利于企业为各细分市场制定差异化营销策略

细分后的市场相对比较具体，企业在这个子市场上更容易获得有效的信息。一旦消费者的需求发生变化，企业可迅速改变市场营销策略，以适应市场需求的变化，提高企业的应变能力和竞争力。

3. 有利于集中人力、物力、财力投入目标市场

通过细分市场，企业可以集中有限的人力、物力、财力资源，选择适合自己的目标市场，去争取这个市场上的最大优势。

二、国际目标市场细分

(一) 国际目标市场细分的概念

国际目标市场细分是在市场细分的基础上发展起来的，是市场细分概念在国际市场营销中的运用。国际市场购买者更多，分布范围更广，而企业实力比较有限，很难满足全球范围内顾客的需要，所以要确定目标市场。国际目标市场细分包括两个部分：宏观细分和微观细分。

1. 宏观细分

宏观细分决定企业的目标市场选择在哪个国家或地区。这就需要企业根据一定的标准将整个世界划分为若干个子市场，每个子市场具有基本相同的市场营销环境，企业可以从中选择某一个或某几个国家作为目标市场。

2. 微观细分

微观细分是指企业决定进入某一海外市场后，由于海外市场的消费者对产品的需求不同，因此要求企业按照一定的标准对市场做进一步细分，并从中选择一个或多个市场作为目标市场。

国际目标市场细分的特征包括按照一定的标准细分市场；市场被细分成不同的子市场；每个子市场中的消费者的需求具有相同或相似的特征。

(二) 国际目标市场细分的步骤

国际目标市场可进行宏观细分和微观细分，企业先进行宏观细分，才能根据

宏观细分的结果,进一步进行微观细分。国际目标市场宏观细分涉及两方面的问题:一是确定宏观细分的过程或基本步骤;二是确定以何种标准来对这个国际目标市场进行细分。其具体步骤如下。

步骤1:确定划分国际目标市场的方法,即确定细分标准。
步骤2:按照这种标准,将具有相同特点的国家和地区划分为一个子市场。
步骤3:调研每个子市场对企业资源条件的要求。
步骤4:根据企业自身的特点,确定企业的资源满足哪些子市场最为合适。
步骤5:满足这些子市场的需求,企业应采取哪些措施。
步骤6:根据国际目标市场的实际情况,企业调整相应的策略、方法以适应国际目标市场的需求。

三、国际目标市场细分的标准

(一) 宏观细分

国际目标市场宏观细分标准包括地理标准、经济标准、文化标准。

1. 地理标准

地理标准是企业根据国际市场消费者所处的经济地理特征、地理环境和地理位置等变量细分市场的,之后从中选择一个或几个子市场作为目标市场。

① 经济地理特征主要是指一个国家或地区的经济状况,主要表现在物产、工业、农业、交通运输业的特点等。这些经济地理特征在一定程度上影响着一个国家或地区的消费水平、消费习惯和消费规模。

② 地理环境对消费者的生产、生活方式产生直接的影响。例如,消费者所处的气候环境不同,对产品的需求就会产生多样性和波动性,也就必然影响消费者的消费内容和消费结构。

③ 地理位置可以按照行政区划,也可以按照地理区域来进行细分。按照地理区域位置把国际市场分为亚洲、欧洲、北美洲、南美洲、非洲、拉丁美洲等几大市场。按照地理位置细分使处于同一地理区域的各国具有相似的文化背景,便于管理。同时,地理接近的国家在经济上也具有一定的相似性。在某些情况下,地理位置接近的国家也不一定保证有相同的市场机会。海湾地区的一些国家地理位置相似,但它们有着不同的法律和政治制度,因此这一地区很难形成一个共同市场。

2. 经济标准

经济标准是国际目标市场细分的重要依据。经济标准细分是结合各国的主要收入来源来划分市场,并可以结合知识经济的发展水平划分市场。例如,按照各国人均收入水平和经济发展水平,可以将全球市场细分为高度工业化的高收入国家和新兴工业化的中等收入国家或地区等。

3. 文化标准

文化是对国际市场营销决策产生重要影响的因素之一。文化主要包括语言、教育、宗教、美学、价值观和社会组织等,这些都构成了企业对国际目标市场细分的标准。如果在进行国际目标市场细分的过程中只看文化,这又存在一定的局限性。以宗教为例,南亚的一些国家很多是信仰佛教的,但是这些国家在经济方面又存在很大的差异性,这就导致它们的市场潜力不同,因此就需要采用不同的市场营销策略。

> **思考**
>
> 某跨国公司准备开拓美国市场。在开拓之前,需要对美国市场进行细分。请问:该跨国公司可以采用哪些细分方法?这些方法有什么特点?

(二)微观细分

国际目标市场微观细分是指企业进入到某一国外市场后,对该国市场的细分。由于该国的顾客需求不同,企业不可能满足该国所有顾客的需求,只能将其细分为若干个子市场,满足一个或几个子市场的需求。其主要包括消费品市场细分标准和工业品市场细分标准。

1. 消费品市场细分标准

消费品市场细分标准包括以下几项。

① 地理特征。地理特征主要包括地理位置、地形、地貌、气候、交通等。

② 人文特征。人文特征主要包括人口总量、性别、年龄、教育程度、收入水平、家庭状况、宗教信仰、民族等。

③ 行为特征。行为特征主要包括购买的时间、购买的地点、购买的数量、购买的品牌和价格等。

④ 消费者心理。消费者心理主要包括消费者购买动机、消费者的价值观、消费者的生活态度等。

⑤ 追求利益。追求利益就是消费者在购买这个产品的过程中,追求的是产品哪方面的利益。例如,有的消费者追求的是产品质量、有的追求的是产品速度快、有的追求的是舒适度。

2. 工业品市场细分标准

工业品市场细分的标准主要包括用户类型、用户规模和用户的地理位置。

① 用户类型。用户类型是指不同的用户对同一工业品的规格、性能、质量、

品种、价格等方面往往有不同的要求。例如,生产企业、中间商、政府部门等。

② 用户规模。用户规模是指工业企业的用户数量和大小直接决定了细分市场的大小,因此可以把用户分为大量用户、中量用户、小量用户。

③ 用户的地理位置。由于用户地理位置对于货物运输的关系很大,所以有的用户相对比较集中,企业可以采取直接销售的方式,降低销售成本,而对于分散的用户,则采用中间商做网络分销。

> **思考**
>
> 简要分析消费品市场细分标准与工业品市场细分标准有何不同。

第二节　国际目标市场的选择

一、国际目标市场选择的标准

企业进行国际目标市场细分的目的是通过对顾客需求差异给予定位,来取得较大的经济效益。因此,企业在进行目标市场的选择过程中,应遵循以下标准。

(一) 可衡量性

可衡量性是指细分后所形成的子市场,其规模及购买力程度必须能够识别和衡量。例如,奶粉市场就比较好衡量,其中 6 至 12 个月大的婴儿为主要市场,满周岁至 3 岁的幼儿则是次要市场。

(二) 可进入性

可进入性是指企业能够进入所选定的目标市场,并能进行有效的促销和分销。如果在细分后的市场消费者不能有效地了解商品的特点,不能在一定的销售渠道买到这些商品,则说明企业没能达到该细分市场的要求,满足不了目标市场消费者的需求,应选择放弃该子市场。

(三) 可获利性

可获利性是指细分后的市场形成的市场规模必须足以使企业有利可图,能获得理想的经济效益和社会服务效益。例如,我国放开二胎政策后,母婴类产品的需求激增,母婴市场具有很大的潜力,各类婴幼儿的奶粉、尿不湿、婴幼儿玩具及早教用品具有足量的市场。反之,对于那些不具有足量性的市场,这样的细分市场就不会尽如人意。

(四) 可实施性

可实施性是指企业能够被有效地吸引并服务于该子市场的可行性程度。例如,某家手机企业根据市场消费者的需求,将顾客分为数个子市场,如果公司资源不足,缺乏相关的技术和市场营销支持,不能为每个子市场制定切实可行的营销战略,那么该公司的市场细分就没有意义。

二、国际目标市场的选择策略

细分完市场以后,还要对市场进行选择,以确定究竟进入哪些市场。常见的目标市场选择策略有3种:无差异性营销策略、差异性营销策略和集中性营销策略。

(一) 无差异性营销策略

无差异性营销策略是指企业将整个国家或全球作为自己的目标市场,关注消费者在需求方面的共同点,忽略他们之间的差异性,设计一种标准化的市场营销组合策略,以进入更多的城市或国家,争取更多的顾客。

无差异性营销策略的优点是:单一的产品,大批量生产、储运和销售,必然降低单位产品的成本;无差异性的广告宣传可以减少宣传费用;不进行市场细分,可减少市场调研、产品开发、制定市场营销组合方案等方面的费用。

无差异性营销策略的缺点是:不能满足消费者多样化的需求;企业采用统一的营销战略,对于一些细分市场的需求得不到满足。

(二) 差异性营销策略

差异性营销策略是企业在国际市场细分的基础上,选择一个或几个细分市场作为目标市场,分别设计不同的市场营销策略,以满足各个不同细分市场的需求。

差异性营销策略的优点是:因为针对不同的细分市场设计了不同的市场营销策略,满足了不同消费者的需求,所以可以扩大产品销售。

差异性营销策略的缺点是:由于企业针对不同的细分市场采用不用的市场营销策略,因此加大了市场调研、宣传的难度,费用也较高。

(三) 集中性营销策略

集中性营销策略是指企业以一个细分市场作为目标市场,集中力量,实行专业化生产和经营的目标市场战略。这种战略是为了在某一个细分市场获得较高的市场占有率。

集中性营销策略的优点是:集中性营销策略有利于企业更加深入地了解市场,了解消费者的需求;有助于企业集中资源优势,节约生产成本和各种费用,从而增加盈利,取得良好的经济效益。

集中性营销策略的缺点是:由于企业将资源集中在一个目标市场,一旦这个市场出现风险,就会直接影响企业的稳定性,因此很多企业为了减少风险,会将目标市场分散开。

> **思考**
> 简要分析无差异性营销策略和差异性营销策略的异同点。

三、影响目标市场选择的因素

(一) 企业的竞争力

如果企业在市场上具有一定的竞争力,则可以采用差异性营销战略或无差异性营销战略。例如,我国的一些大型国有企业,在开拓海外市场的过程中,采用的就是差异化营销战略,从而建立起自己的相对品种优势。

(二) 市场的特点

如果消费者对某些产品的需求、偏好等较为接近,销售渠道或促销方式没有大的差异性,则说明这个市场具有一定的类型性,可以采用无差异性营销战略。

如果某一市场的消费者的需求、偏好各异,则应采用差异性营销战略,以满足不同消费者的需求。

(三) 产品的特点

对于同类产品而言,比较适合采用无差异性营销战略。例如,生活必需品。而对于一些比较复杂的高档消费品,因为消费者购买能力、爱好等有所不同,因此应采用差异性营销策略。例如,电脑、数码相机等。

（四）竞争者数目

当市场上同类产品的竞争者较少，竞争不激烈时，企业可采用无差异性营销策略；当竞争者较多，竞争激烈时，可采用差异性营销策略。

（五）产品生命周期

在投入期时，新产品刚投入市场，品种不多，竞争也不激烈，企业可以采用无差异性营销策略或集中某一特定子市场实行集中性营销策略；当产品进入成长期和成熟期后，竞争日趋激烈，企业应采取差异性营销策略；而到了衰退期，产品逐渐退出市场，往往采用集中性营销策略，这样有助于维持市场地位，延长产品生命周期。

第三节　国际目标市场定位

一、国际目标市场定位的含义

国际目标市场定位是指企业根据竞争者现有产品在市场上所处的位置，针对消费者或用户对该种产品某种特征或属性的重视程度，强有力地塑造出本企业产品的与众不同，给人印象鲜明的个性或形象。同时，把这种形象生动地传递给顾客，从而使该产品在市场上确定适当的位置。

二、国际目标市场定位的步骤

（一）确认本企业潜在的竞争优势

确认本企业潜在的竞争优势是国际目标市场定位的基础。企业的潜在竞争优势来自企业能为消费者创造的价值，这个价值要大于企业的成本。

企业的潜在竞争优势主要包括企业的经营管理能力、技术开发能力、采购能力、生产能力、市场营销能力、财务运作能力、良好的产品能力等。企业要利用好自身的潜在竞争优势，以便与竞争对手相区别。

（二）显示独特的竞争优势

市场定位确定后，企业通过各种传播媒体将定位信息传递给目标消费者，并显示竞争优势,因此应有"酒香也怕巷子深"的理念。

三、国际目标市场定位的策略

国际目标市场定位策略主要有避强定位策略、对抗定位策略、重新定位策略、创新定位策略。

(一) 避强定位策略

这是一种避开强有力的竞争对手进行市场定位的策略,即企业不与对手直接对抗,而是将自己置于某个市场"空隙"。此定位策略风险小,成功率高,能迅速占领目标市场。例如,美国的 Aims 牌牙膏专门对准儿童市场这个空隙,因而能在 Crest(克雷斯,"宝洁"公司出品)和 Colgate(高露洁)两大品牌称霸的世界牙膏市场上占有10%的市场份额。

(二) 对抗定位策略

这是一种与在市场上居支配地位的竞争对手"对着干"的定位策略,即企业选择与竞争对手重合的市场位置,争取同样的目标顾客,彼此在产品、价格、分销、供给等方面差别不大。例如,肯德基和麦当劳是一对"欢喜冤家",有麦当劳的地方,相隔不远定会看到肯德基。这种亦步亦趋、短兵相接,就是对抗定位策略的必然手法。

(三) 重新定位策略

重新定位策略通常是指对那些销路少、市场反应差的产品进行二次定位。需要重新定位的原因是:初次定位后,随着时间的推移,新的竞争者进入市场,选择与本企业相近的市场位置,致使本企业原来的市场占有率下降;或者,由于消费者需求偏好发生转移,原来喜欢本企业产品的消费者转而喜欢其他企业的产品,因此市场对本企业产品的需求减少。

(四) 创新定位策略

创新定位策略是指只定位于各竞争对手忽略的市场"空隙",以填补市场空缺。例如,上海均瑶集团建立的吉祥航空公司避开一般民营航空公司定位低端市场的做法,瞄准高端商务市场。又如,北京一女青年针对国内外电器规格、使用方法及行李托运规格等的不同,开设"出国用品店"。

> **思考**
>
> 某外贸公司根据美国消费者的消费习惯,确定了本公司开拓美国市场的策略。随着越来越多竞争者的加入,该外贸公司之前的定位策略不再适应现有的市场环境。请问:该外贸公司应采取哪些定位策略?为什么?

四、国际目标市场定位应注意的问题

(一)分清目标市场定位与差异化

目标市场定位是通过为自己的产品创立鲜明的个性,来塑造出独特的市场形象。产品因素包括性能、构造、成分、包装、形状、质量等,目标市场定位就是要强化或放大某些产品因素。产品差异化是实现目标市场定位的手段,但并不是目标市场定位的全部内容。

(二)定位不够明显,甚至矛盾

有些企业的产品目标市场定位不够明显,或者太狭隘,使得顾客心中只有模糊的印象,认为它与其他企业的产品并无差异;有些企业没有注意品牌的整体形象,造成了一些矛盾的目标市场定位宣传。

案例

美国米勒啤酒公司曾将原来唯一的品牌"高生"啤酒定位于"啤酒中的香槟",吸引了许多不常饮用啤酒的高收入妇女。后来发现,占30%的狂饮者大约消费了啤酒销量的80%。于是,该公司在广告中展示石油工人钻井成功后狂欢的镜头,还有年轻人在沙滩上冲刺后开怀畅饮的镜头,塑造了一个"精力充沛的形象",在广告词中提出"有空就喝米勒",从而成功地占领啤酒狂饮者市场10年之久。

分析:事实上,许多企业进行国际目标市场定位的因素往往不止一个,而是多个因素同时使用。因为要体现国际企业及其产品的形象,国际目标市场定位必须是多维度的、多侧面的。

第四节 国际目标市场进入模式选择

当企业决定进入某一目标市场时,就会面临着以何种方式进入的决策。进入方式的选择,对于开展国际市销营销的企业而言至关重要。进入模式主要有出口进入模式、契约进入模式、投资进入模式。

一、出口进入模式

(一) 间接出口

间接出口是指企业将自己生产出的产品直接卖给或交给国内的出口中间商,然后由这些中间商组织产品的出口。通过间接出口,企业可以在不增加固定资产投资的前提下出口产品,开业费用低、风险小,而且不影响目前的销售利润。

(二) 直接出口

直接出口是指企业不通过国内出口中间商,而是由自己独立完成一切对外出口业务。其流程主要包括目标市场调研、寻找商机、联系分销商等。直接出口使企业部分或全部控制国际市场营销规划,从而可以从目标市场快捷地获取更多的信息,并针对市场需求制定及修正市场营销规划。

二、契约进入模式

(一) 许可证模式

许可证模式是指企业在一定时期内向一外国法人集团转让其工业产权,如专利、商标、产品配方、公司名称或其他有价值的无形资产的使用权,从而获得提成费用或其他补偿。许可证模式可以分担研究成本、减少障碍,而且风险小。但该模式控制力弱、机会成本大,而且为企业培养了潜在竞争对手。

(二) 特许经营模式

特许经营模式是指特许方将自己所拥有的商标、商号、产品、专利和专有技术、经营管理模式等以特许经营合同的形式授予被特许者使用,被特许者按合同规定,在特许方统一的业务模式下从事经营管理活动,并向特许方交付相应的费用。

采用特许经营模式需要具备以下条件:产品、服务得到广泛认可;具有特色;特许的过程和系统易学,并能很快投入运营;边际利润要能满足双方的投资收益标准。

(三) 合同制造模式

合同制造模式是指企业向外国企业提供零部件由其组装,或者向外国企业提供详细的规格标准由其仿制,由企业自身保留市场营销责任的一种模式。

合同制造模式的优点是:可节省资金;便于企业集中精力做市场营销。其缺点是:可能将合作伙伴培养成竞争对手;可能失去对生产过程的控制;可能因为延期交货而使市场营销无法按计划进行。

(四) 管理合同模式

管理合同模式是指管理公司以合同形式承担另一公司的一部分或全部管理任务,以提取管理费、一部分利润或以某一特定价格购买该公司的股票作为报酬。

管理模式的优点是:可以获取对方经营控制权;不需大量投资就能获取收益。其缺点是:控制具有阶段性,合同结束意味着企业必须离开目标国。

(五) 交钥匙工程模式

交钥匙工程模式是指企业通过与外国企业签订合同并完成某一大型项目,然后将该项目交付给对方的进入外国市场的模式。这种模式的优点是利润丰厚;缺点是面临的不确定因素比较多。

三、投资进入模式

(一) 直接投资和间接投资

直接投资是指企业通过在目标市场国家直接投资,建立公司或分公司,从事生产和销售活动,从而进入该目标市场的模式。

间接投资是一种以证券为媒体的投资活动,国际间接投资的主要形式是证券投资。

（二）合资经营与独资经营

1. 合资经营

合资经营是指与目标国市场的企业联合投资,共同创办经营企业,生产的产品或者劳务投放当地市场或出口到其他国家市场。共同投资、共同经营、共同分享股权及管理权、共担风险是其主要特点。其优缺点如表4.1所示。

表4.1　合资经营的优缺点

优　点	缺　点
① 可实现资本输出带来商品输出的目的； ② 可借助目标国企业的相关资源； ③ 可能得到各种投资优惠； ④ 政治风险较小	① 股权和管理权分散； ② 公司经营协调有时比较困难； ③ 技术或商业秘密可能会泄露； ④ 有助于培养竞争对手

合资企业可以利用合作伙伴成熟的市场营销网络,并且由于当地企业的参与,容易被东道国所接受。但是也应看到,由于股权和管理权分散,公司经营的协调有时候会比较困难,而且公司的技术秘密和商业秘密有可能流失到对方手里,易于将其培养成未来的竞争对手。

2. 独资经营

独资经营是指企业独自到目标国市场投资建厂或并购目标国的企业,对于此投资企业拥有完全的所有权、管理权和控制权。其优缺点如表4.2所示。

表4.2　独资经营优缺点

优　点	缺　点
① 完全控制经营,利润独享； ② 可冲破贸易壁垒； ③ 降低成本,提高竞争力； ④ 已得到东道国支持和树立企业形象； ⑤ 有助于国际市场营销经验积累	① 投资人投入资金较多； ② 风险较大； ③ 管理难度较大

四、影响企业进入模式的因素

企业进入国际市场的模式很多,在众多方式中进行选择是企业开展国际营销的战略性决策。为保证选择的正确性,企业应综合考虑以下因素。

（一）内部因素

1. 资源充裕程度

企业在资金、技术、管理、经验、人才等方面的资源越充裕,企业在进入模式上的选择余地就越大。如果企业的资金较为充足,技术较先进,且积累了丰富的

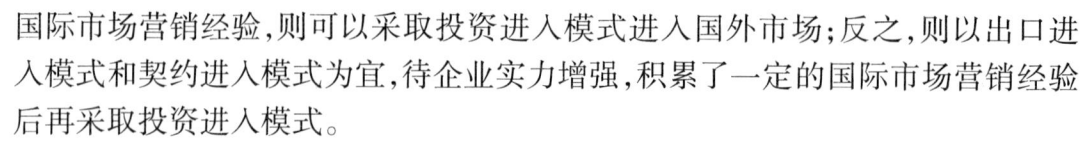

国际市场营销经验,则可以采取投资进入模式进入国外市场;反之,则以出口进入模式和契约进入模式为宜,待企业实力增强,积累了一定的国际市场营销经验后再采取投资进入模式。

2. 产品因素

产品因素也是企业进入模式选择时需要考虑的重要因素。一般而言,技术复杂、附加值高的产品往往采用出口进入模式,因为此种商品国外市场需求往往不大,同时国外市场的相关配套技术有可能并不匹配;如果是日常用品,如日用化工品、食品、饮料,由于单位价值较低,市场需求广阔,因此宜采用投资进入模式;对于那些客户对产品的售后服务要求比较高,以及需要做出大量适应性变化的产品,企业最好采取契约进入模式或投资进入模式。另外,企业的主线产品、核心技术在进入目标国市场时,大多采取投资进入模式,且以独资经营为主。

3. 成本与进入模式

不同的进入模式意味着有不同的成本,表 4.3 所示就是采用出口进入、直接投资和技术转让 3 种不同模式的企业须付出的总成本。

表4.3　3种模式付出的总成本

出口模式企业总成本	直接投资模式企业总成本	技术转让企业总成本
$C+M'$ 其中: C:母国生产成本; M':出口相关成本	$C'+A'$ 其中: C':东道国生产成本; A':支付直接投资成本	$C'+D'$ 其中: C':东道国生产成本; D':知识产权消失成本

作为一个理性的从事国际市场营销的企业,在选择企业进入模式时,往往倾向采用成本较低的方式。

(二) 外部因素

1. 目标国市场因素

目标国市场因素主要是指该国的市场规模、潜力,以及市场结构。如果目标国市场规模较大,或者市场潜力较大,则企业可以考虑以投资进入模式进入,以便于企业占领较大的市场份额;反之,则以出口进入模式和契约进入模式进入,以保证企业资源的有效使用。如果目标国市场的竞争市场结构是垄断或寡头垄断型,企业可以考虑以契约进入模式或投资进入模式进入,以使企业有足够的能力在当地与实力雄厚的企业竞争;反之,如果目标国市场结构属于分散型,则以出口进入模式进入为宜。

2. 目标国宏观环境因素

目标国宏观环境因素主要包括政治法律环境、经济环境、社会文化环境和资源要素环境。如果目标国的政治稳定、法制健全、投资政策较为宽松、汇率稳定,

第四章　国际目标市场的细分与选择

则可以考虑采取投资进入模式进入,反之则以出口进入模式或契约进入模式进入为宜;如果目标国距离本国较远,为了省去长途运输费用,则可以考虑契约进入模式或投资进入模式;如果目标国的社会文化与本国文化差异较大,则最好先采取出口进入模式或契约进入模式进入,以避免由于文化的冲突造成的摩擦成本;如果企业生产所需要素,如原料、劳动力、资本价格在目标国比较低,目标国的基础设施也比较完善,则比较适合采取投资进入模式,否则应采取出口进入模式。

3. 企业国内因素

企业国内因素主要包括本国市场结构、生产要素和环境因素3个方面。如果本国市场属于垄断竞争或寡头垄断型,企业可以考虑以契约进入或投资进入模式进入国外市场,反之则可以采用出口进入模式;如果本国生产要素比较便宜且易获取,则企业可以采用出口进入模式进入国际市场。此外,本国政府对待出口和对外投资的态度也会影响企业进入国际市场模式的选择。

4. 市场壁垒与进入模式

企业在进入国外市场时,往往会面临着一些进入壁垒,如成本劣势和报复威胁。成本劣势主要是因为企业产品生产往往存在规模经济、经验曲线效应和资产自身性质的因素,或者竞争对手有较强的品牌商誉;报复威胁则是竞争对手对于企业的进入所采取的报复手段或报复的潜在能力的大小。当规模经济成为主要进入壁垒时,可选择出口;当品牌、商誉及资产性质成为主要进入壁垒时,可选择收购当地品牌企业;当经验曲线效应成为主要进入壁垒时,企业应避免与现有企业进行直接竞争;当面临较大报复威胁时,可采用购并目标国现有企业的模式进入,或者采用与目标市场国现有企业结成战略联盟的模式进入。

要成功进入国际市场,必须对国际市场进行有效细分。国际市场可以从地理、经济、人口统计、行为、心理等多角度进行细分。细分是否有效的标准主要有可衡量性、可进入性、可盈利性、可实施性。在细分的基础上,需要根据企业自身、市场等方面的具体情况进行目标市场的选择,并采取有效的竞争战略与竞争对手展开竞争。而竞争是否有效的一个前提,就是要求企业在其国际目标市场中进行有效定位,以便与竞争对手区别开来,形成独特性。选择服务哪个国际细分市场是成功的一个方面,但对于企业而言,还要对进入目标市场的模式进行战略决策。企业究竟采用何种方式进入,需要综合考虑企业自身实力、竞争对手模式,以及成本等方面的因素。

国际目标市场分析常用英文

① market segmentation　　市场细分

② target market   目标市场

③ market position   市场定位

④ undifferentiated marketing   无差异目标市场营销战略

⑤ differentiated marketing   差异化目标市场营销策略

⑥ concentrated marketing   集中性国际营销

⑦ measurability   可衡量性

⑧ accessibility   可接近性

⑨ substantiality   足量性

⑩ action-ablity   可实施

相关链接

美国统一联合有限公司国际市场营销的失败

美国统一联合有限公司认为时机已经成熟，应该把它在国内销售给两代人的精美产品推广到全世界了。于是派总裁哈里·E.斯里克斯麦尔到欧洲区开拓市场。斯里克斯麦尔先生的第一站是伦敦，他与一些银行家通过电话做了简单会谈。他同样轻松地与巴黎人打交道——在银色之旅宾馆订了午餐。他这样招呼他的客人——某工业公司总裁："雅克，叫我哈里好了。"

在德国，斯里克斯麦尔先生活像一个发电站。他快速地做了一个长篇的、像艺术作品一样的营销讲话，并辅以图表和视听材料，以显示来自佐治亚州的他指导如何做生意。在去米兰的飞机上，他与邻座的日本商人开始交谈，把自己的名片扔在对方的托盘上。当他们告别时，他与对方热情握手并抓住对方的右臂。后来，他与一位意大利包装设计公司的所有者会面时，竟穿着他舒适的条纹灯芯绒运动外衣、咔叽布裤子和帆布鞋。

6个月过去了，美国统一联合有限公司除了收到一堆账单以外，哈里在这次旅行中未获得任何成功。在欧洲，没有人对哈里着迷，因为欧洲人很少这么傻。

分析：专家们认为，在国际市场上取得成功与了解对方的国家和人们有很大的关系。通过学习英语和在其他方面拓展自己，世界上的商业领先者已经在很大程度上满足了美国人的需要。相反，美国人在这方面所做的却很少，他们希望别人能向自己靠拢。一位美国世界贸易专家说："如果我们能更努力些的话，会做成更多的生意。我们旅行时希望一切都'美国化'——快速、方便、容易，所以我们成为要求别人改变的'丑陋的美国人'。"

可怜的哈里确实尽了力，不过都是以错误的方式。与美国人不同，英国人通常不通过电话谈生意。这并不是文化差异，而是方法差异。一位真正的法国人

第四章 国际目标市场的细分与选择

从不喜欢太快地询问别人有关家庭、教堂或母校的问题,也不喜欢被陌生人直呼其名。

哈里令人眼花缭乱的发言在德国人眼里只是一种失败,他们不喜欢夸张和卖弄。不过,据一位德国专家说,他已经习惯了同美国人做生意。尽管双方在肢体语言和习惯上有差距,但过去的20年已使差距缩短了。"我在昨晚的一个商业会议上拥抱了一位美国妇女。"并且他说如果以名字称呼秘书仍被认为是无礼的,"他们有权被人以姓相称,如果要以名相称,必须先请求许可。"在德国,人们互相称呼时应很正规和准确,有两个博士学位的人必须被称为"双料博士先生"。

当哈里抓住日本客人的胳膊时,日本人会认为他失礼和狂妄自大。日本与许多亚洲国家一样,属于"无触碰文化",甚至握手都会认为是非同寻常的。更糟糕的是,哈里把名片随便一扔。日本人把商业名片看成自我的延伸及地位的象征,他们不是把名片递给别人,而是献给别人——用双手。而且,日本人对地位看得很重,他们不会极力赞扬同处一室的下属,只会赞扬在场职位最高的人。

倒霉的哈里最后一个过失是认为意大利人就好像好莱坞电影里的固定形象。设计和时尚方面的天赋,几个世纪以来一直是意大利文化的象征,并且在米兰和罗马的商人身上得到了体现。他们穿着漂亮并崇尚创造,他们对别人俗套或不得体的装扮感到吃惊。

习题

一、单项选择题

1. 市场细分的根本依据是( )。
   A. 消费需求的共同性　　　　B. 消费需求的差异性
   C. 产品的共同性　　　　　　D. 产品的差异性
2. 国际目标市场营销的首要步骤是( )。
   A. 市场定位　　　　　　　　B. 市场细分
   C. 目标市场选择　　　　　　D. 评价目标市场
3. 采用无差异性营销策略的最大优点是( )。
   A. 市场占有率高　　　　　　B. 成本的经济性
   C. 市场适应性强　　　　　　D. 需求满足程度高
4. 将自己生产出的产品直接卖给或交给国内的出口中间商,然后由这些中间商组织产品的出口的是( )。
   A. 直接出口　　B. 间接出口　　C. 合同制造　　D. 管理合同

二、简述题

1. 简述国际市场细分的标准。
2. 简述国际目标市场选择的策略。
3. 简述国际市场定位策略。

三、案例分析题

1. 婴儿尿不湿曾让宝洁吃了大亏。这种"用后即可丢弃"的尿布投放市场后20年,市场占有率不足1%。宝洁请资深广告专家为其诊断,将过去定位"给予做母亲的一种方便"更新为"对婴儿更好",并起了个动听的名字——"帮宝适",很快就打开了销路。

问题:试分析宝洁尿布再定位的成功之道,并谈谈对自己的启示。

2. 麦当劳和肯德基是一对"欢喜冤家",有麦当劳的地方,相隔不远便一定会看到肯德基。对消费者来说,二者几乎是"同类"的选择。在这种市场结构下,如果不对竞争对手亦步亦趋,很快便会落在下风,最终以失利收场。肯德基和麦当劳在中国是多年的老对手,肯德基之所以占得上风,是因为中国人爱吃鸡,而麦当劳在全世界最畅销的是牛肉巨无霸。中国人的胃,帮了肯德基的忙。面对形势,麦当劳当然要设法扭转下风,于是其后推出麦香鸡、麦辣鸡腿汉堡,一场"鸡战"便揭开了序幕。

问题:请问肯德基与麦当劳是采用的是哪种定位策略?这种定位策略有什么弊端?

第五章
国际市场营销产品策略

学习目标

本章主要介绍了国际市场整体产品的理念,企业产品组合要素,产品生命周期含义及类型,品牌、商标的含义及设计原则,国际市场营销包装的含义及设计原则。通过本章的学习,希望学生具备以下能力。

1. 掌握国际市场营销产品组合策略。
2. 掌握国际市场营销产品生命周期策略。
3. 掌握国际市场营销品牌、包装设计策略及原则。

导入案例

奔驰公司的"全面"产品观

德国奔驰汽车在国内外的买家中一直享有良好的声誉。奔驰是世界上许多国家元首和知名人士的重要交通工具及接待用的专车,即使在经济危机的年代,奔驰车仍能"吉星高照",在激烈的国际市场竞争中求得生存和发展,成为世界汽车工业中的佼佼者。在大量日本车冲击欧洲市场的情况下,奔驰公司不仅顶住了日本车的压力,而且还增加了对日本的出口。尽管一辆奔驰车的价钱可以买两辆车,但奔驰却始终能在日本市场上保持一块地盘。

奔驰公司之所以能取得这样的成就,重要的一点在于它充分认识到公司提供给顾客的产品不只是一个交通工具——汽车本身,还包括汽车的质量、造型、维修服务等,即要以自己的产品整体来满足顾客的全面要求。

于是,公司千方百计地使产品质量首屈一指,并以此作为取胜的首要目标。为此,公司建立了一支技术熟练的员工队伍及严格的产品和部件质量检查制度。产品的构想、设计、研制、试验、生产,直至维修都突出质量标准。

奔驰公司还能大胆、科学地创新。其车型不断变换,新的工艺技术不断应用到生产上。现在该公司的车辆从一般小轿车到大型载重汽车共160种,计3 700个型号。以创新求发展已成为奔驰公司上下的一句流行口号。

奔驰公司还有一个完整而方便的服务网。这个服务网包括两个系统。第一个系统是推销服务网,分布在各国各大中城市。在推销处,人们可以看到各种车辆图样,了解到汽车的性能特点。在订购时,顾客还可以提出自己的要求,如车辆颜色、空调设备、音响设备乃至保险式车门钥匙等。第二个系统是维修站。奔驰公司非常重视这方面的服务工作。这个公司在德国有1 244个维修站,工作人员5.6万人,使得在公路上平均不到25千米就可以找到一家奔驰汽车维修站。在国外171个国家和地区,奔驰公司设有3 800个服务站,维修人员技术熟练、态度热情、车辆检修速度快。

奔驰汽车一般每行驶10 000公里须换机油一次,每行驶2万公里须检修一次。这些服务项目都能在当天办妥。在换机油时,如果发现某个零件有损耗,维修站还会主动打电话通知车主,征求是否更换的意见。如果车辆在外地途中发生故障,开车人只要向就近的维修站打个电话,维修站就会派人来修理或把车辆拉回修理。

奔驰公司的销售人员都经过良好的训练,接待顾客时,穿着整齐,落落大方;对顾客态度客气,服务迅速。同时,在销售活动中,尊重顾客的社会风俗习惯,努力创造一种满足顾客的印象。

质量、创新、服务等虽然并不是什么秘密,但在生产经营的产品与质量、创新、服务等有机结合上,各企业却有所差异。奔驰公司成功地贯彻了整体产品的理念,使自己成为世界汽车工业中的一颗明星。

第一节　国际市场营销产品组合策略

一、整体产品概念

作为产品的市场营销人员还应当认识到,产品是一个整体概念,包括5个层次:核心产品、形式(有形)产品和延伸(附加)产品、期望产品、潜在产品。产品的整体概念如图5.1所示。

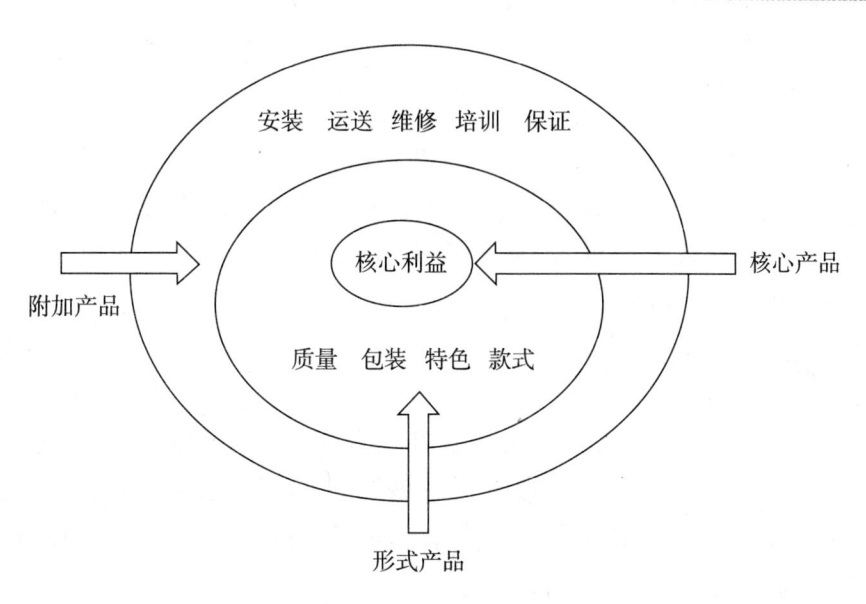

图 5.1　产品的整体概念

（一）核心产品

核心产品是产品最基本的层次和最主要的部分,是满足顾客需要的核心内容,即顾客真正要购买的实质性的东西。消费者购买某种产品,并不是为了占有或获得产品本身,而是为了获得能满足某种需要的效用或利益。例如,消费者购买服装的核心需求是时尚、个性、风度及舒适等。由此可见,核心产品就是指产品提供给顾客的基本效用和利益,也就是产品的使用价值。

（二）形式（有形）产品

形式（有形）产品是产品的第二个层次。企业的设计人员要将核心产品转变为有形的东西,以便卖给顾客。形式产品或称有形产品是企业向市场提供的实体和服务的形象,即满足顾客需要的各种具体产品形式,亦即核心产品借以实现的形式。例如,人们购买生日蛋糕,不仅要求蛋糕的质量,而且对其包装、式样、厂家、价格等要求也很讲究。形式产品一般包括产品的结构、性能、品质、名称、式样、外观特色、品牌、包装等。

（三）延伸（附加）产品

延伸（附加）产品是产品的第三个层次,是指顾客在购买产品时所得到的附加服务或利益,如提供信贷、免费送货、安装、保修、保换、售后服务等。例如,康佳除了卖出一台电视外,还会与经销商一起提供送货、售后服务、质量保证等业务。

（四）期望产品

期望产品是指购买者在购买产品时期望得到的东西。这实际上是指与产品密切相关的一整套属性和条件。例如，顾客对饭店提供的服务产品的期望包括美味可口的饭菜、雅致的环境、周到的服务等。如果顾客得不到想要的服务，就会影响顾客的满意度及回购率。

（五）潜在产品

潜在产品是指现有产品所有在未来可能出现的延伸和演进的部分。它指出了产品未来发展的方向。例如，彩电可发展为录像机、电脑终端机等；普通旅馆发展成全套家庭式旅馆；旅游产品可发展出购物旅游、现代工业旅游、现代农业旅游、学外语旅游等。

二、产品组合的概念

产品组合是指一个企业提供给市场的全部产品线和产品项目。它可以通过宽度、深度、长度反映出来。例如，雅芳的产品组合包括化妆品、珠宝首饰、时装和日常用品。

产品组合的宽度是指该公司所有的产品线的数目。例如，美国宝洁拥有牙膏、肥皂、洗涤剂、除臭剂、尿布和咖啡，因此产品组合的宽度是6。

产品组合的深度是指一条产品线内有多少不同的产品项目。例如，某公司拥有电冰箱、果汁机、抽油烟机、燃气灶等产品项目，因此该产品组合的深度是4。较深的产品组合有利于满足同一目标市场消费者的多样化需求。

产品组合的长度是指产品组合中所有产品项目的总数。

三、产品组合的类型

企业通常不止生产一种产品，而常常是系列产品，有些公司甚至生产成千上万种产品。例如，通用电器公司生产约250 000种产品、3M公司生产60 000种产品。常见的产品组合类型包括全面全线型、市场专业型、产品线专业型、选择性专业型、特殊产品专业型，如图5.2所示。

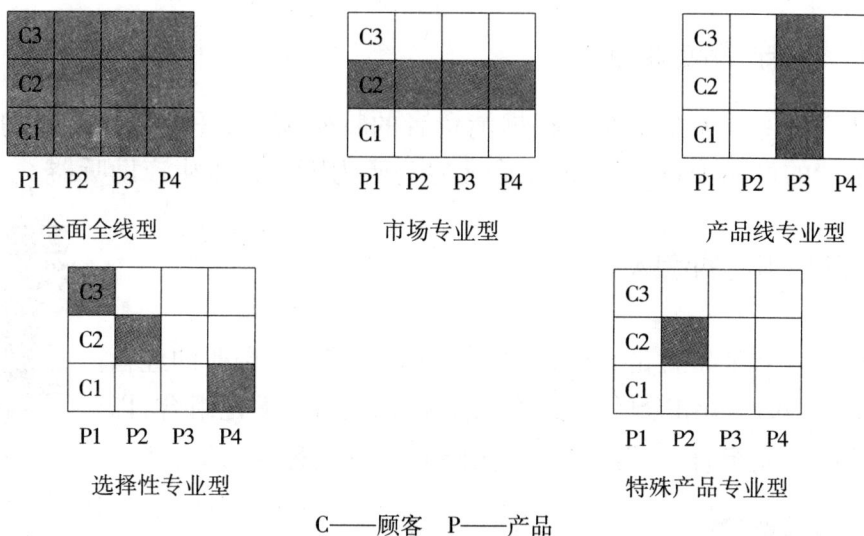

图 5.2 企业产品组合类型（全面全线型、市场专业型、产品线专业型、选择性专业型、特殊产品专业型；C——顾客 P——产品）

（一）全面全线型

全面全线型是指向市场提供所需要的各种产品,即其宽度和深度都大,而对产品线之间的关联度没有严格的限制。例如,某外贸公司经营外贸、房地产、酒店业等。这种类型的企业尽可能地向所有的顾客提供所需产品,因此企业不断扩大产品组合的广度和深度,而对产品线之间的关联度没有严格的限制。

（二）市场专业型

市场专业型是指向某个专业市场提供所需要的各种产品,也就是其宽度和深度都较大,但关联度较小的产品组合。例如,某服务公司为旅游业提供饭店、商店、交通、旅游、信息咨询等服务项目。该类型企业专门向某一市场提供所需的各种产品,即根据专业市场的不同需求来确定生产线的设置,但并不强调其关联度。

（三）产品线专业型

产品线专业型是指企业专注于某类产品的生产,即宽度和深度较小,但关联度较大的产品组合。例如,某自行车生产企业只生产各种规格的自行车。该类型企业只生产同一种类的不同产品来满足市场的需求。

（四）选择性专业型

选择性专业型是指企业只生产某一类产品中一个或少数几个品种的产品来满足市场需求的产品组合。例如,某汽车厂只生产一种廉价小型汽车。

（五）特殊产品专业型

特殊产品专业型是指企业根据消费者的特殊需要，凭借自身特殊的生产条件专门生产的产品项目。例如，某企业专为听力障碍人士生产助听器。

四、产品组合的策略

产品组合的策略就是企业根据国际市场的需要、企业的经营目标和实力，对产品组合的宽度、深度、关联度进行优化组合，以达到最佳的产品组合。其产品组合策略有以下几种。

（一）扩展策略

扩展策略包括扩展产品组合的宽度和长度。

扩展产品组合的宽度策略是指在原产品组合中增加一条或几条产品线，扩大企业的经营范围。例如，海尔集团在经营中不断扩大产品线，由原来生产冰箱、洗衣机扩展到生产电视机、计算机、手机、厨房用品等。

扩展产品组合的长度是指在原有产品线内增加新的产品项目，发展系列产品。例如，尼康的数码相机有专业、准专业之分，每类都有500万像素、12 000万像素等不同品种，这样可以满足不同消费者在不同情况下的需要。

案例

康师傅扩大产品组合的宽度

康师傅是在中国最为消费者熟悉的品牌之一。康师傅集团于1992年开始生产方便面，由于市场营销策略准确得当，取得了可喜的销售业绩。公司从1996年扩大业务至糕饼及饮品，均使用康师傅品牌销售。目前，康师傅作为中国食品行业的领导企业，集团的三大品项产品，皆在中国食品市场占有显著的市场地位。康师傅集团产品组合如表5.1所示。

表5.1 康师傅集团产品组合

方便食品	康事业部：红烧牛肉、麦香牛肉、麻辣牛肉、麻辣排骨、辣旋风、海陆鲜汇、亚洲精选、酱香传奇、东北炖、油泼辣子、酸香世家、江南美食、本帮烧、山珍海烩、老火靓汤、千椒百味、蒸行家、油辣子传奇、陈泡风云、面霸、干拌面、食面八方、好滋味、劲爽拉面、点心面 福事业部：金牌福满多、超级福满多、福香脆、福满多、一碗香
饮品	冰红茶、劲凉冰红茶、绿茶、矿物质水、甜蜜一族康果汁、酸梅汤、实粒派、茉莉清茶、大麦香茶
糕饼	妙芙蛋糕、3+2夹心饼干、咸苏夹心、甜苏夹心、美味酥、蛋黄也酥酥、蛋酥卷、彩笛卷卷、乐芙球、珍宝珠、巧芙派、米饼、五谷珍宝

（二）缩减策略

缩减策略就是企业从产品组合中剔除那些获利小的产品线或产品项目，集中经营那些获利最多的产品线和产品项目。缩减策略可使企业集中力量发展效益高、前景好的产品和产品项目，从而促进生产经营专业化程度的提高。

案例

IBM 出售 PC 业务给联想

2003 年，IBM 公司总收入为 891.3 亿美元，其中个人计算机业务的收入为 115.6 亿美元，较 2003 年增长 3.3%，税前营运亏损 1.18 亿美元。为了全力以赴向 IT 服务转型，2004 年 12 月 IBM 公司以 12.5 亿美元将个人计算机业务卖给了联想。

（三）产品延伸策略

每一个企业的产品都有其特定的市场定位，如我国内地的轿车市场，"别克""奥迪""帕萨特"等定位于中偏高档汽车市场；"桑塔纳"定位于中档市场；"奇瑞QQ""奥拓"则定位于低档市场。产品延伸策略是指全部或部分地改变企业原有产品的市场定位。其具体做法有向下延伸、向上延伸、双向延伸，如图 5.3 所示。

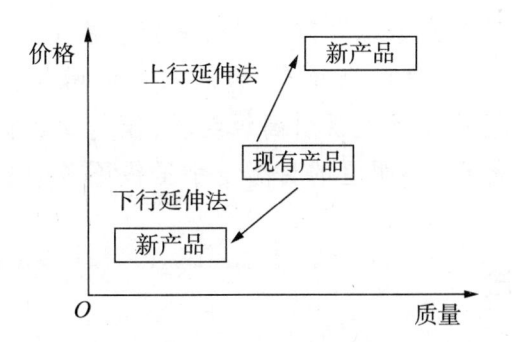

图 5.3　产品延伸策略

1. 向下延伸策略

向下延伸策略是指企业原先生产高档产品，后来决定增加生产低档产品。下行延伸策略的采取主要是因为高档产品在市场上受到了竞争者的威胁，本企业产品在市场的销售增长速度趋于缓慢，企业向下延伸以寻找经济新的增长点。

> **案例**
>
> **上海通用(中国)产品组合策略**
>
> 上海通用针对中国市场,将品牌从凯迪拉克向下延伸至别克、雪佛兰。2005年,上海通用旗下豪华品牌为凯迪拉克CTS、中档品牌的有别克凯越和定位在入门家用车的雪佛兰景程、低档品牌为雪佛兰赛欧。

2. 向上延伸策略

向上延伸策略是指企业原来生产低档产品,后来决定增加生产高档产品。企业采取这一策略的原因是:市场对高档产品需求增加,高档产品销路广,利润丰厚;要使自己生产经营产品的档次更全,占领更多市场;抬高产品的市场形象。例如,日本本田公司在打开美国摩托车市场时,采用上行延伸策略,即将摩托车档次从低于125cc延伸到1 000cc,从而在国际摩托车市场上显示了较强的竞争力。

3. 双向延伸策略

双向延伸策略是指企业原来生产经营中档产品,现在同时向高档和低档产品延伸,即一方面增加高档产品,一方面增加低档产品,从而扩大市场阵地。

> **案例**
>
> **日本丰田公司产品线双向延伸**
>
> 丰田公司对它的产品线采取了双向延伸策略。在它的中档产品花冠的基础上,为豪华汽车市场推出雷克萨斯轿车,为高档市场增加了佳美,为低档市场增加了小明星。雷克萨斯的目标是吸引高级经理;佳美的目标是吸引中层经理;花冠的目标是吸引低层经理;小明星的目标是手里钱不多的首次购买者。

五、波士顿矩阵法

波士顿矩阵法也称BCG(市场增长率-市场占有率)矩阵图,用以分析一个企业的产品结构是否合理,如图5.4所示。BCG矩阵的纵坐标为销售(销售量或销售额)增长率,横坐标为相对市场占有率,即本企业的市场占有率与同行业最大竞争对手的产品的市场占有率之比,即二者的销量之比)。假设销售增长率以10%为分界线,相对市场占有率以1为界限(这个数字不绝对,可提高或降低),则10%以上为高增长率,10%以下为低增长率;1以上为高占有率,1以下为低占有率。这样就形成了4种组合、4个象限、4类产品,如表5.2所示。

第五章　国际市场营销产品策略

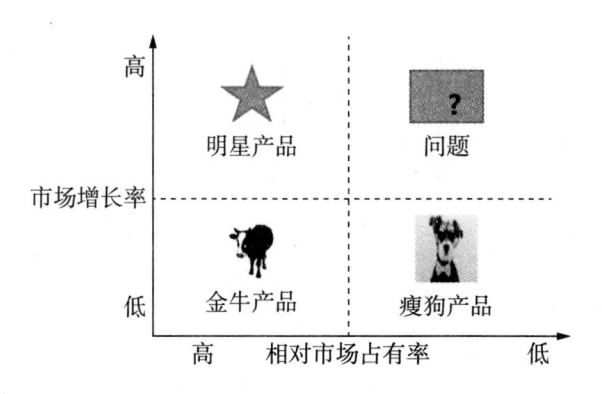

图 5.4　BCG 矩阵图

表 5.2　4 种产品类型

产品类型	特　征	所处生命周期阶段	营销对策
明星产品,也称热门产品、抢手产品	销售增长率高,相对市场占有率高	成长期	重点支持,投入资金维持高增长率和高市场占有率
金牛产品	销售增长率低,相对市场占有率高	成熟期	保持市场份额,以盈利支持其他需要投资的产品
问题产品	销售增长率高,相对市场占有率低	导入期	或者积极扶持,或者暂时维持,或者提前淘汰
瘦狗产品	销售增长率和相对市场占有率都低	衰退期	撤退市场

第二节　产品的生命周期

一、产品生命周期的含义及延长产品生命周期的策略

(一) 产品生命周期的含义

产品从投入市场到退出市场的全过程称为产品生命周期,分为导入期、成长期、成熟期和衰退期 4 个阶段,如图 5.5 所示。

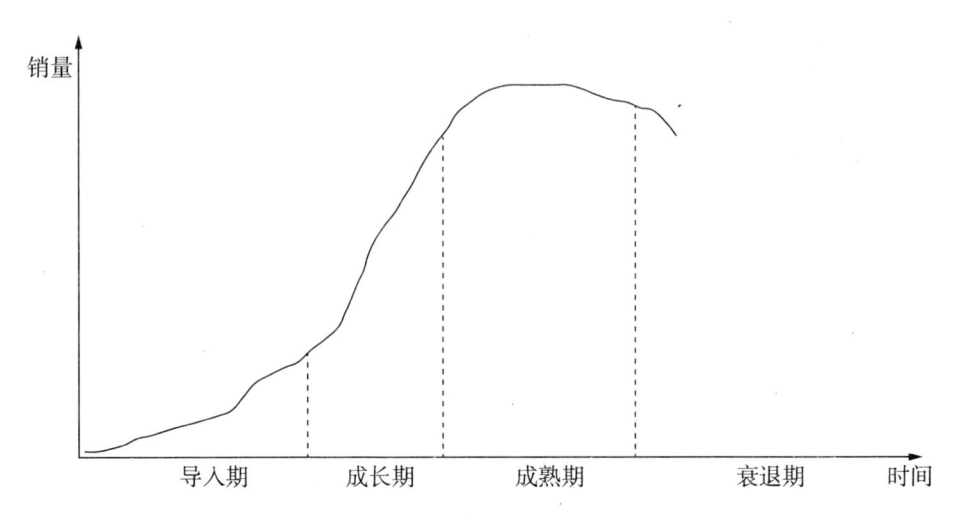

图5.5 典型的产品生命周期曲线

1. 第一阶段：导入期

新产品投入市场便进入了导入期。此时顾客对产品还不了解，除了少数追求新奇的顾客外，几乎没有人实际购买该产品。在此阶段，产品生产批量小，制造成本高，广告费用大，产品销售价格偏高，销量极为有限，企业通常不能获利。这时主要采取的策略有：快速撇脂策略、缓慢撇脂策略、快速渗透策略、缓慢渗透策略。

2. 第二阶段：成长期

当产品进入导入期，销售取得成功之后，便进入了成长期。这是需求增长阶段，需求量和销售额迅速上升，生产成本大幅度下降，利润迅速增长。此阶段采取的主要策略有：改进产品、开发新的市场、降价促销、转移广告宣传的重点。

3. 第三阶段：成熟期

经过成长期之后，随着购买产品的人数增多，市场需求趋于饱和，产品便进入了成熟阶段。此时，销售增长速度缓慢直至转而下降，同时由于竞争的加剧，导致广告费用再度提高，利润下降。此阶段采取的主要策略有：对市场进行改进、对产品进行改良、对市场营销组合策略进行改进。

4. 第四阶段：衰退期

在产品成熟期以后，产品的销售量由缓慢下降转为急剧下降，甚至出现产品积压。此时，成本较高的企业就会由于无利可图而陆续停止生产，该类产品的生命周期也就陆续结束，以致最后完全撤出市场。此阶段采取的主要策略有：收缩策略、维持策略、集中策略、放弃策略。

（二）延长产品生命周期的策略

为了延长产品生命周期，主要可以取采取以下相关策略。

1. 增加产品的功能和用途

增加产品的功能和用途就是在原有产品功能的基础上增加新的功能。例如,美国杜邦公司就是由于不断开发产品的新用途而使产品长期兴盛不衰:最初是用于军事上降落伞的绳索(即尼龙绳等),其市场很快饱和,公司又发现新用途,就是做袜子,由于耐磨,因此延长了尼龙绳的生命周期。

2. 不同产品生命周期的企业策略

导入期是产品成功的开始,但是往往很多新产品在向市场投放以后,还没有进入成长期就被淘汰了。因此,企业要针对成长期的特点,制定和选择不同的营销策略,如图5.6所示。

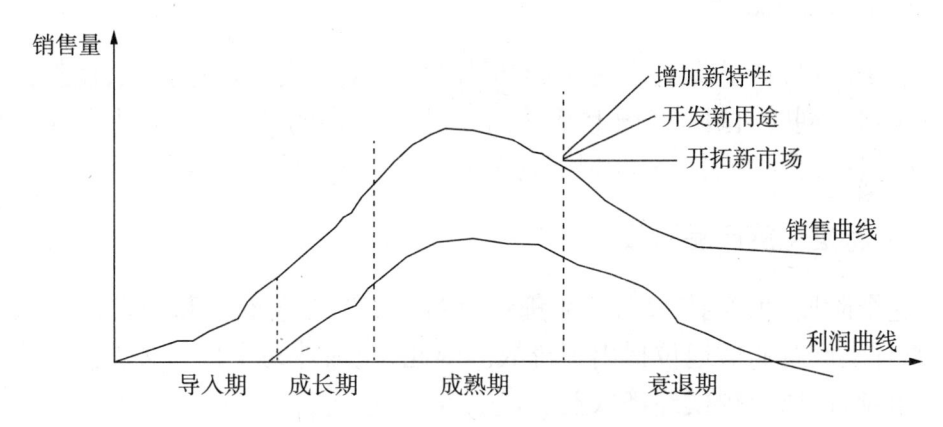

图5.6 不同产品生命周期的营销策略

3. 改进市场营销策略

改进市场营销策略包括增加服务项目、降低价格、加大促销力度、优惠的付款方式等。

转移生产场地即把处于成熟期、衰退期的产品转移到产品生命周期较早的国家或地区去进行生产。这是工业发达国家常采用的方法之一。例如,日、美部分企业把处于成熟期的电视机、空气净化器等产品的生产基地转移到发展中国家,有利于降低产品的生产成本,进而降低产品的销售价格。

二、国际市场产品生命周期

美国哈佛大学教授雷蒙德·维农认为,一国在经济上领先,推出新产品,由此而发展出口市场,这种技术或创新的发展对各国来说机会并不均等。该理论认为,在国际贸易中,如果不存在严重的贸易壁垒,则许多产品的生命周期会经历以下3个阶段。

（一）新产品阶段

在这个阶段，研究和开发新的产品引入国内市场，由于此时产品尚未定型，技术也不完善，因此在本国生产是最佳选择。这时竞争对手也没有出现，产品质量、成本、价格尚未提上议事日程。例如，某发达国家的企业耗费巨资首先开发、创造了某种新产品，投放本国市场，并在导入期后期凭借对技术的垄断，以较高价格将该产品出口到具备销售该产品的市场条件的其他发达国家，即把新产品导入了国际市场。

（二）成熟产品阶段

在这个阶段，产品日益成熟，技术更加完善，生产规模迅速扩大，使新产品开始大量出口。同时，国际市场上开始出现越来越多的竞争者，迫使企业对外投资，设立国外子公司或分公司，以保持和扩大在国外市场的份额。

（三）标准化的产品阶段

在这个阶段，生产技术和产品都已标准化，新的竞争者和同类商品大量出现，向原有生产企业的地位提出了挑战。因此，在国外的子公司必须开拓发展中国家的市场，以取得规模经济效益。

第三节　国际市场营销品牌策略

一、品牌与商标

（一）品牌

品牌是用以识别某个销售者或某群销售者的产品或服务，并使之与竞争对手的产品或服务区别开来的商业名称及其标志。它通常由文字、标记、符号、图案和颜色等要素或这些要素的组合构成。

1. 品牌名称

品牌名称是指品牌中可以被辨认，能用语言称呼的部分，如华为、小米、联想等都是品牌名称。

2. 品牌标志

品牌标志是指品牌中可以被辨认，但不能用语言称呼的部分，包括苹果手机的苹果图案造型、李宁的 L 图案等。

3. 品牌角色

品牌角色是用人或拟人化的标志来代表品牌的方式,如海尔兄弟、麦克唐纳、米老鼠、康师傅等。

案例

世界最有影响力的品牌如表 5.3 所示。

表5.3 世界最有影响力的品牌

美　　国	欧　　洲	日　　本
可口可乐 康宝 迪士尼 百事可乐 柯达 NBC 布莱克与德柯尔 凯洛格 麦当劳 赫西	梅赛德斯-奔驰 宝马 飞利浦 大众 阿迪达斯 奈华(Nivea) 保时捷(Porsche) 劳斯莱斯	索尼 松下(National) 丰田 高岛山(Takashimaya) 诚子(Seiko) 日立

(二)商标

商标是一个法律的概念,是经过向政府有关部门注册获得专用权而受法律保护的整个品牌、品牌标志、品牌角色或各要素的组合。常见的商标分类包括以下几种。

① 按照商标的构成分为文字商标、图形商标、记号商标、组合商标。

② 按照商标的作用分为营业商标、商品商标、等级商标、证明商标、防伪商标。

③ 按照商标使用者分为制造商标、销售商标。

④ 按照商标有无专用权分为注册商标、非注册商标。

案例

宝洁公司——准确命名树立品牌

宝洁公司对品牌的命名非常讲究,他们深谙一个贴切而绝妙的品牌命名能大大减少产品被消费者认知的阻力,可以激发消费者美好的联想,增进消费者对产品的亲和力和信任感,并可大大节省产品的推广费用。宝洁公司通过对英文名字(单词)的精确选择或组合来给产品品牌命名,使中文名字与英文能在意义和发音上很协调、贴切地配合,准确地体现出产品的特点和要塑造的品牌形象及

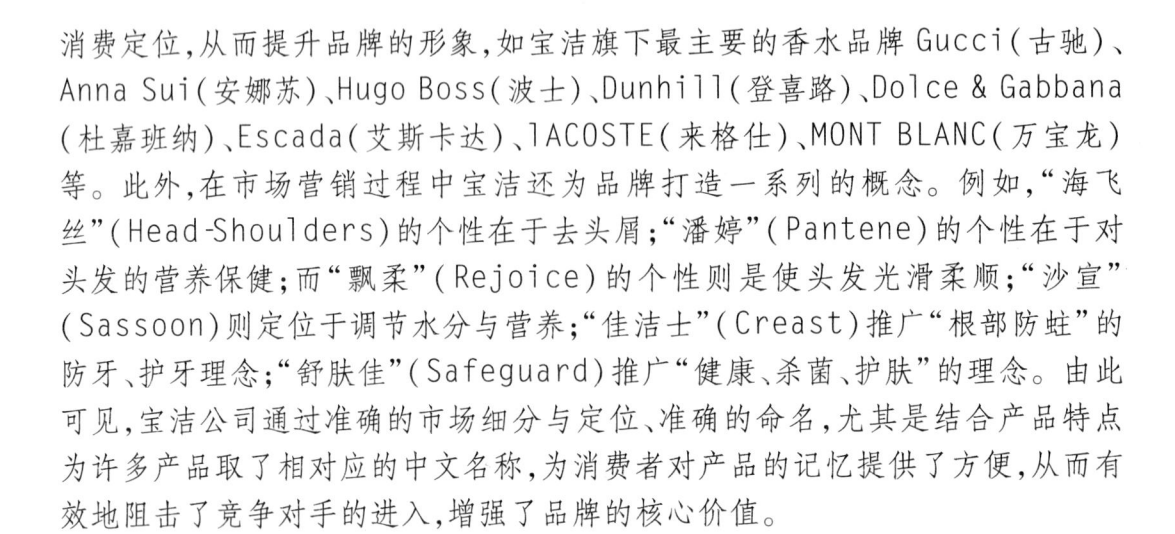

消费定位,从而提升品牌的形象,如宝洁旗下最主要的香水品牌 Gucci(古驰)、Anna Sui(安娜苏)、Hugo Boss(波士)、Dunhill(登喜路)、Dolce & Gabbana(杜嘉班纳)、Escada(艾斯卡达)、lACOSTE(来格仕)、MONT BLANC(万宝龙)等。此外,在市场营销过程中宝洁还为品牌打造一系列的概念。例如,"海飞丝"(Head-Shoulders)的个性在于去头屑;"潘婷"(Pantene)的个性在于对头发的营养保健;而"飘柔"(Rejoice)的个性则是使头发光滑柔顺;"沙宣"(Sassoon)则定位于调节水分与营养;"佳洁士"(Creast)推广"根部防蛀"的防牙、护牙理念;"舒肤佳"(Safeguard)推广"健康、杀菌、护肤"的理念。由此可见,宝洁公司通过准确的市场细分与定位、准确的命名,尤其是结合产品特点为许多产品取了相对应的中文名称,为消费者对产品的记忆提供了方便,从而有效地阻击了竞争对手的进入,增强了品牌的核心价值。

二、品牌与商标的关系

(一)商标是品牌的一部分

商标是品牌中的标志和名称部分,便于消费者识别;而品牌不仅包括名称和符号,更是一个综合的象征,需要赋予其形象、个性、生命。

(二)商标属于法律范畴,品牌是市场概念

商标强调对生产经营者合法权益的保护;品牌强调的是企业和顾客之间关系的建立、维系与发展。商标的作用表现在:保护商标所有者的合法权益;促进商品生产者维护商品质量,维护商标信誉;一旦商标利益受损,企业可通过法律维护自己的合法权益。品牌的作用表现在:品牌有利于促进销售,增加品牌效益;品牌有利于强化顾客品牌认知,引导顾客选购商品,并建立顾客对品牌的忠诚。

(三)商标由企业掌握,品牌属于消费者

商标的所有权属于企业,属于注册者,而品牌则属于消费者,存在于消费者的头脑中。如果消费者在购买商品的过程中,不再重现这个品牌,那么这个品牌就没有价值了。

第五章 国际市场营销产品策略

案例

中国企业著名商标被海外非法抢注的情况

21世纪网调查发现,中国自从与世界商业有了更多互动以后,国内许多著名企业商标被国外商家所抢注。其中,百年老字号商标被国外抢注的概率远高于一般品牌。例如,"同仁堂"商标从20世纪80年代末开始,先后被日本、美国、韩国、荷兰、挪威、瑞典等多个国家的企业抢注;"狗不理"包子也早在24年前就被日本抢注。

据中国品牌研究院调研结果显示,中国知名企业商标被海外经销商抢注呈上升趋势。例如,"志高""玉林"的商标分别被自己在印尼的经销商抢注;"牡丹""PEONY"商标被自己在荷兰的代理商于荷兰、瑞典、挪威、比利时、卢森堡5国抢注。另外,一个公司抢注多个中国商标也呈现上升趋势。例如,"龙井茶""碧螺春""大红袍""信阳毛尖"等多个茶叶名称在韩国被同一茶商注册为商标;"冠生园""六必居""桂发祥十八街"等中华老字号商标被同一家加拿大公司抢注;"红塔山""阿斯玛""云烟""红梅"等香烟商标被同一菲律宾商人抢注。一个商标在多个国家被抢注同样数不胜数。例如,"红星二锅头"在瑞典、爱尔兰、新西兰、英国等国家被同一家英国公司抢注;"大白兔"商标在日本、菲律宾、印度尼西亚、美国和英国被抢注;"大宝""萤火虫""宗申"等商标也被多个国家抢注。

中国商标专利事务所对全球五大洲的11个国家和地区进行了调查,结果显示,除中国香港外,其他国家和地区都在抢注"少林"或"少林寺"商标,共发现117项、164个商标品牌,平均每个国家和地区10余项。在欧洲、奥地利、匈牙利都有"少林寺",仅美国西海岸就有3所,而这些"少林寺"跟嵩山少林寺无任何"血缘"关系。因此,少林寺武僧在国外表演"少林功夫"被认为是侵权的尴尬已经不可避免。

上海"英雄牌"金笔深受日本消费者的欢迎,但其商标被日本商人抢先在日本注册,从而要求我方按"英雄牌"金笔在日本的销售量向他支付5%的佣金,致使我方在日本的代销商因无利可图而停止代销,我方为此付出了巨大代价。

中国商家应该认识到,中国企业的商标在国内完成注册受到中国法律的保护,并不意味着在其他国家也受到保护。即使中国国内的驰名商标,也不会因其在国内的驰名,而在其他国家理所当然地受到保护。商标一旦在海外某国或某些地区注册成功,被抢注商标的中国企业就不得在该国或该地区使用该商标,否则即构成商标侵权。

资料来源:累顺莉.21世纪经济报道[EB/OL].(2019-06-26)[2012-02-29].21世纪网.

三、品牌的设计原则

(一) 设计应简单明了,便于识别、记忆

简单的品牌要容易发音、各国通用,既便于宣传和传播,也可以减少企业的宣传成本,更便于消费者识别、记忆。

(二) 品牌设计应与目标消费者的传统文化和风俗习惯一致

产品的品牌设计者应具备扎实的文化功底、广泛的阅历,了解各个民族的风土人情,并对设计方案进行调查,征求目标市场国消费者的意见,使品牌和商标与目标市场国消费者的传统文化和风俗一致。

(三) 品牌对消费者具有一定的提示性和启发性

品牌名称应向消费者展示产品所具有的某种效用,能够让消费者联想到产品的特性。

四、品牌的类型

根据不同的划分标准,品牌的类型可以划分为以下几种。

(一) 根据品牌的知名度和辐射区域划分

根据这种划分标准,可以将品牌划分为地区品牌、国内品牌、国际品牌。地区品牌是指这个品牌在这个地区享有一定的声誉,如昆曲主要在江苏一带盛行、豫剧主要在河南盛行等;国内品牌是指在国内知名度比较高,且产品辐射全国的品牌,如北京烤鸭、武汉热干面、娃哈哈等;国际品牌是指在国际享有一定的声誉,如可口可乐、麦当劳、沃尔玛、家乐福等。

(二) 根据产品生产经营所属环节划分

根据这种划分标准,可以将品牌划分为制造商品牌和经销商品牌。制造商品牌指制造商为自己生产制造的产品设计的品牌,如联想、华为、格力等;经销商品牌是指经销商根据自身的需求和对市场的了解,结合企业发展的需要创立的品牌,如"华润万家"大米、"沃尔玛"纸巾等。

(三) 根据品牌的来源划分

根据这种划分标准,可以将品牌划分为自有品牌、外来品牌和嫁接品牌。自有品牌是指企业自己创立的品牌,如三星、摩托罗拉等;外来品牌是指企业通过特许经营、兼并、收购或其他形式而取得的品牌,如联合利华曾收购的北京"京华"茶叶商标、香港迪生集团收购的法国名牌商标 S. T. Dupont 等;嫁接品牌是指通过合资、合作等方式形成的带有双方品牌的新产品,如"青岛·利勃海尔。

(四) 根据品牌的生命周期长短划分

根据这种划分标准,可以将品牌划分为短期品牌、长期品牌。短期品牌是指这个品牌在市场上持续的时间比较短,如润妍;长期品牌是指这个品牌的生命周期比较长,如全聚德、王老吉、可口可乐、肯德基等。

(五) 根据品牌所属行业不同划分

根据这种划分标准,可以将品牌划分为汽车机械品牌、服装品牌、食品品牌、电子产品品牌、鞋帽品牌等。

五、品牌命名的主要方法

品牌命名的主要方法有以下几种。

(一) 效用命名

这是指以产品的主要性能和效用命名,以使消费者迅速了解商品功效,便于联想和记忆。例如,三九感冒灵颗粒、牛黄解毒片等。

(二) 产地命名

这是指用商品的产地命名,以便反映商品的传统特色和优越性能。例如,贵州茅台、桂林米粉、青岛啤酒等。

(三) 人物命名

这是指以历史人物、传奇人物、制造者及对产品有特殊偏好的名人姓名来命名,以便衬托和说明产品品质,提高产品身价。例如,李宁、肯德基、奔驰等。

(四) 企业命名

这是指用企业来命名,可直接说明商品的来源,有利于借助企业的声誉推出新产品。例如,伊利、蒙牛等。

(五) 动物命名

这是指用动物的形象或抽象的图案为商品命名。例如,小天鹅、大白兔、金丝猴等。

第四节　国际市场营销包装策略

一、国际市场产品包装的含义、作用

(一) 包装的含义

包装是指为产品设计的容器或包裹物,以便于产品流通和销售。产品包装涉及诸多因素,包括品牌、标签、包装容器的形状、颜色、图案、文字等。

(二) 包装的作用

1. 保护产品

运输包装可以保护产品和防止出现货损货差,使产品的使用价值不发生变化。

2. 方便识别

销售包装使消费者便于识别,便于购买。

3. 便于运输、携带和储存

良好的包装不仅方便生产者和中间商的运输与储存,而且方便消费者携带和储存,从而便于商品的交易活动。

4. 促进产品销售

产品的销售包装对产品进行了美化,树立了产品的良好形象,提高了产品在消费者心目中的地位,从而有利于促进销售。

5. 提高产品的附加值

产品的包装新颖、美观、大方,能满足人们求美、求新、求异和好奇等心理需要,使消费者乐意用较高的价格购买,从而提高了产品的附加值。

二、国际市场营销包装策略

(一) 类似包装策略

类似包装策略是指企业对所有产品选用相同的图案、颜色、相似的造型和包装材料。采用这种策略,一是可以节约成本;二是便于树立企业的形象。例如,心相印纸巾的包装采用的图案和颜色都是一样的。

(二) 配套包装策略

配套包装策略是指将多种有关联的产品组合装在一个包装物中。例如,咖啡和咖啡杯、托盘、勺子放在一起包装。

(三) 再使用包装策略

再使用包装策略是指在设计包装物时,使包装物不但能包装产品,还能在用完后移作他用。例如,喝完酒的酒瓶,可以用来当花瓶使用;用完茶叶的茶叶罐,可以用来装其他物品。

(四) 附赠品包装策略

附赠品包装策略是指在产品包装里面附有赠品券或实物赠品,借以吸引消费者购买或重复购买。例如,购买食用油时赠送购物袋;购买咖啡时赠送咖啡杯等。

(五) 改变包装策略

改变包装策略是指为了克服现有包装的缺点或为了吸引新顾客而废弃旧包装,改用新包装。例如,海飞丝为了吸引顾客的购买,采用新包装。

(六) 中性包装策略

中性包装策略是指为了避免关税壁垒或应进口商要求,在包装上不注明生产国别和企业名称。

案例

罗林洛克啤酒的包装策略

随着竞争的加剧和消费的下降,美国的啤酒行业竞争变得越来越残酷。例如,安豪斯·希布公司和米勒公司这样的啤酒业巨人正在占据越来越大的市场份额,并把一些小的地区性啤酒商排挤出了市场。出产于宾夕法尼亚州西部小镇的罗林洛克啤酒在20世纪80年代后期勇敢地进行了反击。市场营销专家约翰·夏佩尔通过他神奇的经营活动使罗林洛克啤酒摆脱了困境,走上了飞速发展之路。而在夏佩尔的市场营销策略中,包装策略发挥了关键性的作用。

包装在重新树立罗林洛克啤酒的形象时扮演了重要角色。夏佩尔为了克服广告预算的不足,决定让包装发挥更大的作用。他解释道:"我们不得不把包装变成品牌的广告。"

该公司为罗林洛克啤酒设计了一种绿色长颈瓶,并附有显眼的艺术装饰,使包装在众多啤酒中引人注目。夏佩尔说:"有些人以为瓶子是手绘的,跟别的牌子都不一样,独特而有趣。人们愿意把它摆在桌子上。"事实上,许多消费者都坚持认为装在这种瓶子里的啤酒会更好喝。

公司也重新设计了啤酒的包装箱。"我们想突出它的绿色长颈瓶,与罗林洛克啤酒是用山区泉水酿制的这个事实。"夏佩尔解释道,"包装上印有放在山泉里的这些绿瓶子。照片的质量很高,色彩鲜艳、图像清晰,消费者很容易从30英尺外认出罗林洛克啤酒。"

夏佩尔很喜欢用魅力这个词来形容罗林洛克啤酒的新形象:"魅力,这意味着什么呢?我们认为瓶子和包装造成了这种讨人喜欢的感觉。看上去它不像大众化的产品,而且有一种高贵的品质,这种形象在很大程度上也适合啤酒本身。"

包装对增加罗林洛克啤酒的销量有多大作用呢?夏佩尔说:"极为重要。那个绿瓶子是确立我们竞争优势的关键。"

三、国际市场包装设计原则

(一)要符合市场的要求及消费者习惯

包装设计应符合目标市场国消费者的市场需求,在文字、图案上力求与当地的文化背景相适应。

(二)要符合装运、流通的要求

国际产品包装应保证货物在长途运输中便于搬运,不出现破损,不被偷盗,并尽可能降低运输费用。

(三)要符合当地包装法规、政府规定的要求

国际上对生态环境保护的意识越来越强,包装材料使用后的处理、利用问题

也引起了国际上的广泛关注,为此许多政府制定了相应的法规。

(四) 符合中间商的要求

国际产品要通过各种渠道分销,必须采用良好、适合的包装,以便于中间商储运、促销。

小知识

笨重的产品采用淡色的包装,会使人觉得比较轻巧;轻巧的产品采用深色的包装,会产生庄重的感觉;食品和洗涤剂采用乳白色或淡绿色包装,会使人感到卫生清洁;药品采用绿色包装,给人以健康安宁、充满生机的感受。

国际市场营销产品策略常用英文

① core product 核心产品
② augmented product 延伸产品
③ potential product 潜在产品
④ brand name 品牌名称
⑤ product mix 产品组合
⑥ product item 产品项目
⑦ product line 产品线
⑧ introduction stage 导入期
⑨ growth stage 成长期
⑩ maturity state 成熟期
⑪ decline stage 衰退期

相关链接

校长妙治学生

某日,一学生翻墙进入校园,恰好被校长看见了。校长生气地问学生:"为什么不走校门?"学生回答:"美特斯邦威,不走寻常路。"校长说:"不能翻墙进学校。"学生回答:"安踏,我选择,我喜欢。"校长又问:"这么高的墙你怎么翻过来的?"学生指了指他的裤子说:"李宁,一切皆有可能。"校长接着问:"翻墙什么感觉?"学生回答:"特步,飞一般的感觉。"第二天,学生穿了一件混混衫上学。校长对学生说:"不能穿混混衫上学。"学生回答:"穿什么,就是什么,森玛服饰。"第三天学生穿背心上学,校长说:"不能穿背心上学。"学生回答:"男人,简单就好,爱登堡服饰。"校长说:"我要给你记大过。"学生问:"为什么?"校长回答:"动感地带,我的地盘我做主。"

标准石油的品牌设计

孔子曰:"名不正则言不顺,言不顺则事不成。"品牌名称不仅仅是一个简单的文字符号,更是企业整体的化身,是企业文化、经营理念的缩影和体现。例如,美国新泽西标准石油(Standard Oil of New Jersey)公司,为了给自己的产品创出一个能够通行于全世界、能够为全世界消费者所接受的品牌名称及标志,动员心理学、社会学、语言学及统计学等各方面专家历时6年,耗资1.2亿美元,先后调查了55个国家和地区的风俗习惯,对约1万个预选方案几经筛选,最后定名为EXXON。这堪称是世界上最昂贵的品牌。

雀巢的国际产品标准化

成立于1867年的瑞士雀巢集团,是世界上最大的食品公司之一。2000年,雀巢集团净利润超过30亿美元。雀巢在81个国家建立了479家工厂,全球员工总数约为22.5万名,是世界著名的跨国公司之一。

雀巢集团的产品主要涉及咖啡、矿泉水、猫狗食品、冰淇淋,在同行中均处于领先地位。此外,在奶粉、调味品、巧克力糖果、眼科医疗用品等产业也享有较高声誉。

为了更好地对产品质量、品牌进行管理,雀巢集团做出了统一的战略部署。

① 标签化标准(labelling standards),对标签设计组成的各种元素做出明确规定。例如,雀巢咖啡的标志、字体和使用的颜色,以及各个细节相互间的比例关系。这个文件列出了各种不同产品的标签图例。

② 包装设计手册(package design manual),提出了使用标准的各种不同方式。例如,包装使用的材料及包装的形式。

③ 品牌化战略(branding strategy),包括了雀巢集团产品的市场营销原则、背景和战略品牌的主要特性的一些细节。这些主要特征包括品牌个性、期望形象、与品牌联系的公司、标签化标准和包装设计手册涉及的视觉特征及品牌使用的开发。

习题

一、单项选择题

1. 产品生命周期的各阶段中,销售增长率最高的是(　　)。

A．导入期 　　　B．成长期 　　　C．成熟期 　　　D．衰退期

2．某企业生产的产品有冰箱、洗衣机、电扇三大类。其中,冰箱有4种型号、洗衣机有2种型号、空调有5种型号。据此可以推知(　　)。

A．该企业产品线的宽度为3,冰箱、洗衣机和电扇各产品线深度分别为4、2、5。

B．该企业产品线的宽度和深度分别为3和11。

C．该企业产品线的宽度和深度分别为11和3。

D．该企业冰箱、洗衣机和电风扇各产品线的宽度分别为4、2、5。

3．古香古色的酒瓶可以当作花瓶,属于(　　)策略。

A．相似包装 　　B．类似包装 　　C．附赠品包装 　　D．再使用包装

4．人们购买空调所获得的核心产品是(　　)。

A．空调机 　　　　　　　　　B．制造新鲜的空气

C．终身保修 　　　　　　　　D．调节室内温度

5．将盘子、碗、碟子、勺子等餐具放在一个盒子中销售,这种包装叫作(　　)。

A．相似包装 　　B．配套包装 　　C．附赠包装 　　D．多用途包装

二、简述题

1．简述产品组合的类型。

2．简述国际产品的生命周期包括哪几个阶段。

3．简述品牌与商标的关系。

4．简述国际市场营销包装策略的内容。

三、案例分析题

1．日本厂商在很多领域中都将增加产品品种作为一项主要的市场渗透战略。其中,日本手表制造商大概最能体现这一点了。日本厂商在美国销售的精工表就有400多种,既有石英表,也有机械表。在世界范围内,精工制造和销售的手表型号总共达2 300余种。

佳能在照相机行业取得成功的过程,也是围绕着产品多样化这条主线的。佳能所获得的一大成功是它的AF-1型35毫米单反镜头反光相机,接着又出售了许多不同型号的相机,而这些相机正是在原先型号的基础上略加改装而成的。佳能的销售冲击在许多日本企业中是具有代表性的:当一种新产品投放市场时,下一个就会接踵而来。

问题:扩大产品深度对佳能会产生哪些影响?

2．美国热水器巨头A.O.史密斯刚刚进入中国时,发现消费者为了省电,

会频繁地拔插插头。电是省了,但很不方便,而且无法随时享用热水。结果是,热水器只被用来洗澡,因为洗澡还值得兴师动众一下。在洗碗、洗菜、洗衣服的时候,热水器就被遗忘了。

  针对中国消费者的生活习惯,A. O. 史密斯研制出了 AES 自适应节能系统。AES 自适应节能系统能够按照用户的使用习惯提前预先加热。而在非用水时间,AES 则启动中温保温程序,根据设定温度计算出最节能的保温温度,减小热水器内外温差,因而大大减少了保温加热次数,真正做到了不拔插头更省电,结果受到中国消费者的欢迎。

  问题:史密斯热水器取得成功的原因是什么?

第六章
国际市场营销定价策略

学习目标

本章主要介绍了国际市场营销定价的基本概念、影响定价的因素、国际市场营销定价方法、国际市场营销定价策略及国际市场营销定价的相关问题。通过本章的学习,希望学生具备以下能力。

1. 熟悉影响国际市场营销产品定价的因素及常见的定价方法。
2. 熟悉国际市场营销的各种定价策略,并能区别不同策略使用的大致情况。

导入案例 吉列按刮脸次数卖剃须刀

今天,全球每天都有数千万男人在使用吉列刀片。在19世纪后期的几十年中,美国有关安全剃须刀的专利有几十个,金吉列只是其中之一。使用安全剃须刀既不像先前的折叠式剃须刀那样易刮伤脸,又可免去光顾理发店的时间和金钱。但是这种看似很有市场的商品却因太贵卖不出去。去理发店只需要花10美分,而最便宜的安全剃须刀却要花5美分,这相当于一个高级技工一星期的薪水。

在竞争对手们想方设法降低生产成本时,吉列独辟蹊径。吉列的安全剃须刀并不比其他剃须刀好,而且生产成本也更高。但别人的剃须刀卖不出去,吉列的剃须刀却供不应求,原因就在于它实际上贴本把剃须刀的零售价定为55美分,批发价25美分——这还不到其生产成本的1/5。同时,它以5美分/个的价格出售刀片,而每个刀片的制造成本不到1美分。这实际上是以刀片的盈利来补贴剃须刀的亏损。当然,吉列剃须刀只能使用其专利刀片。由于每个刀片可以使用6至7次,每刮一次脸所花的钱不足1美分,只相当于去理发店花费的1/10,因此有越来越多的消费者选择使用吉列剃须刀。

分析: 吉列成功的最大原因在于它采取的定价方法使消费者购买吉列剃须刀最为合算。其定价方法反映了消费者购买的真正"价值",而不是生产商的"成本"。吉列的定价方法为许多企业所模仿。日本企业的佳能、理光、富士通等大牌厂商就把打印机的价格定得很低,以此来吸引消费者购买,同时又把墨盒的价格定得很高。打印机是基本不赚钱甚至是亏本的,而墨盒却有数倍的利润,这样消费者实际付出的是打印配件的成本,而不是打印机的成本。

灵活的定价和销售方法可以使顾客愿意为他们所买的东西付钱,而不是为厂商所生产的东西付钱。不管是吉列的定价方法还是分期付款或租赁,价格上的处理、安排一定要符合消费者实际购买的需要。

第一节 国际市场营销定价目标及影响因素

影响国际市场营销定价的因素主要有定价目标因素、成本因素、市场因素、竞争因素、宏观环境等。

一、定价目标因素

企业的产品处于不同的产品生命周期阶段的定价目标各不相同。其具体包括维持生存、利润最大化、市场占有率最大化、与销售渠道保持良好的关系等。

(一) 维持生存

由于企业经营不善或其他方面的原因导致产品积压,就必须降低产品价格,以增加销售量、减少库存、加快资金周转。在这种情况下,企业的定价目标就是为了维持现有的生存。

(二) 利润最大化

企业经营的目标就是获得一定的利润,但是产品处于不同的时期,企业的目标有所不同。例如,对于刚投放市场的明星产品,企业希望在短期内获得高额的利润。但是,这也会使企业面临一定的危险,因为追求当前利润的最大化,可能会损害企业的长远利益,导致无法实现预期的销售量。

(三) 市场占有率最大化

市场占有率是企业产品在某一时期市场中的销售量占同行产业产品在同一时期市场中的销售量的比率。当企业的产品具有一定的竞争优势时,企业可以采取高价的策略提高市场占有率;当市场对价格比较敏感时,可以采取低价策略提高市场占有率。

（四）与销售渠道保持良好的关系

在采取渠道分销的情况下，要与中间商合理分利，做到"利益均沾"，甚至适当让利，以便培育长期友好互助合作的战略伙伴关系，谋求关系最佳化。

二、成本因素

成本是指商品到达最终消费者之前所需要的一切费用，包括与国际市场营销有关的一切生产成本、销售成本、管理成本。其中，生产成本包括原材料成本、员工工资、设备投资等；销售成本包括运输、保险、广告等；管理成本包括责任成本、变动成本、边际成本、设计成本、质量成本、差别成本、机会成本、沉没成本、重置成本、固定成本等。此外，还有中间商成本、信贷成本、汇率变动或通货膨胀带来的成本等，所以要仔细分析成本现状。

因此，国际企业在进行产品定价的过程中要充分考虑产品的成本因素，因为它是构成产品价格的基础。

三、市场因素

需求是消费者对某一商品效用和价值的认可，消费者需求受支付能力、爱好、习惯及市场情况等多种因素影响，可以说是对产品定价的一个重要影响因素。在实际生活中，消费者的消费心理对企业定价也有很大的影响。因此，企业必须通过市场营销调研尽可能准确地把握这些因素。

需求弹性是某种产品的需求量对其影响因素变化的反应程度。它可根据影响因素分为需求价格弹性、需求交叉弹性、需求收入弹性和需求广告弹性，其中最重要的是需求价格弹性。

四、竞争因素

虽然企业在现代经营活动中一般采用非价格竞争，即相对稳定的产品价格，而以降低成本、提高质量、提供服务、加强销售和推广的方式来增强竞争力，但是也不能完全忽视竞争对手的价格。其具体分为完全竞争市场、垄断竞争市场、寡头垄断竞争市场、完全垄断竞争市场。

（一）完全竞争市场

在完全竞争市场上，由于市场是由大量分散的买家和卖家组成，产品是同质无差异的，所以买卖双方对产品价格均无影响力，价格只能通过市场关系来确定。

（二）垄断竞争市场

在垄断竞争市场上，不同企业生产的产品存在差异性，企业可以根据不同产品的成本、质量、服务、促销等因素来制定价格，而消费者也愿意为不同的产品差异支付不同的价格。

（三）寡头垄断竞争市场

该市场上由少数几家大企业垄断了全部产品的生产和销售，竞争者少，其产品可能是同质的，也可能是异质的，这时产品的定价是以竞争为导向的。

（四）完全垄断竞争市场

整个市场只有一家企业，其生产的产品具有不可替代性，因而卖方可以根据自己的企业目标来制定价格。

五、宏观环境

国家政策、法律法规等宏观环境对公司的定价影响表现在许多方面，国家的价格政策、金融政策、税收政策、产业政策等都会直接影响企业的定价。

第二节　国际市场营销定价方法

国际企业做出定价决策前，要首先确定定价目标：是以获得最大利润为目标，还是以获取较高的投资回报为目标；是为了维持或提高市场份额，还是为了应付或防止市场竞争，抑或为了支持价格的稳定。

一、成本导向定价法

成本导向定价法是从企业的成本出发，以各种成本为主要依据，在成本的基础上核算利润的定价方法。成本导向定价法具体包括成本加成定价法、边际成本定价法、目标利润定价法、收支平衡定价法。

(一) 成本加成定价法

成本加成定价法是指企业在确定产品价格时,以单位产品总成本(包括生产成本、运输成本及其他一切成本)再加上一定比例的销售利润来确定产品价格的方法。其公式为:

单位产品价格＝单位产品总成本×(1＋目标利润率)

案例

某企业出口一种型号的电视机,其单位变动成本为900元/台,年固定成本为1 000万元,今年计划生产10万台,目标利润率是10%,则该产品应定价多少?

单位产品价格＝单位产品总成本×(1＋目标利润率)
　　　　　　＝(1 000÷10＋900)×(1＋10%)＝1 100(元/台)

这种方法简单方便,能够保证企业获得预期的利润,从而维持正常的扩大化生产。但是它没有考虑市场上需求一方的利益,是典型的生产者导向观念的产物。这种方法具有较大的盲目性,很难适应竞争激烈的国际市场。在实际操作中,企业必须根据市场形势的变化,调整成本加成的比率。其计算公式为:

单位产品总成本＝(固定成本＋变动成本×总产量)÷总产量
成本利润率＝总利润率÷总成本×100%

(二) 边际成本定价法

边际成本定价法是以变动成本为基础,不计算固定成本,只要求价格大于边际成本,因而产品价格定得较低。其计算公式为:

单位产品价格＝单位变动成本＋单位边际贡献
单位变动成本＝总变动成本÷总销售量
单位边际贡献＝总边际贡献÷总销售量

因此,在市场竞争激烈、产品供过于求或订货不足时,企业为了增强竞争和生存能力,可采用这种定价方法。然而这种定价方法忽略了固定成本,只计算变动成本,长此以往会造成企业亏损。

(三) 目标利润定价法

这种方法又称目标收益定价法或投资收益率定价法,是企业根据总成本和预计的总销售量,确定其达到的目标收益率,从而推算出产品价格的一种定价方法。

企业使用目标利润定价法,首先要确定其目标收益率,然后根据目标收益率计算出目标利润,最后才制定出价格。其计算公式为:

单位产品销售价格=(总成本+目标利润)÷预计销售量

案例

某企业年生产能力为100万件A产品,估计未来市场可接受80万件,其全部投资为1 000万元,企业的目标收益率为20%,则该产品的单价应为多少?

企业的目标利润=总成本×目标收益率=1 000×20%=200(万元)

单位产品的销售价格=(总成本+目标利润)÷预计销售量
=(1 000+200)÷80=15(元)

目标利润定价法计算简单,强化了企业管理的计划性,能较好地实现投资回收计划;不足之处是依据估计的销售量来确定的,而价格又是影响销售量的主要因素。

(四)收支平衡定价法

收支平衡定价法是按照生产某种产品的总收入与总支出维持平衡的原则,来制定产品的价格。其计算公式为:

单位产品的保本点价格=(企业固定成本÷保本产销量)+单位变动成本

案例

某公司预测产品订货量为200件,固定成本为200 000元,单位变动成本为2 000元,求保本点价格。

单位产品的保本点价格=(企业固定成本÷保本产销量)+单位变动成本
=(200 000÷200)+2 000=3 000(元/件)

这种定价方法是企业在市场不景气或特殊竞争阶段所采用的一种保本经营的方法。

二、需求导向定价法

需求导向定价法强调从客户需求出发,以消费者需求为定价的依据,对不同类型的消费者和市场制定不同的价格,使公司有机会在市场上稳定发展,是一种市场导向的定价观。需求导向定价法主要有差别定价法、价值定价法、感受价值定价法。

（一）差别定价法

差别定价法是指同一产品根据不同市场、不同消费者、不同时间和不同地点分别制定不同的价格。它具体包括产地价格策略、销售地价格策略、地域性价格策略。

实行差别定价的国际市场应具备以下条件：市场是可以细分的，只有市场可以细分，才可以针对不同的市场给予不同的定价；高价市场上不会有竞争者的降价竞争；差别定价不会引起消费者的不满。

（二）价值定价法

价值定价法是指企业根据消费者能够接受的最终价格，计算自己从事经营的成本和利润后，逆向推算出产品的批发价和零售价。例如，中国出口到美国市场的一种棉织睡衣，企业经过市场调研得到其在美国市场上的售价为20美元比较合适，扣除境外批发商和零售商的利润加成等中间环节的费用后，就是其出厂价格。

（三）感受价值定价法

感受价值定价法是指企业根据消费者对产品价值的理解和认识程度来制定价格。感受价值是消费者在观念上所认同的价值，并不是产品的实际价值，不是由产品成本决定的。一般说来，消费者对一件商品的性能、用途、质量、外观及其价格等都有一定的认知和评价。例如，同样一件衣服，在不同的消费环境中就有不同的定价。企业在定价前必须认真做好市场营销调研工作，将自己的产品与竞争者的产品仔细比较，同时企业必须清楚消费者对不同竞争者的产品赋予什么样的价值，从而对感受价值做出准确估测。

案例

蒙玛公司在意大利以"无积压商品"而闻名，其秘密之一就是对时装分多段定价。它规定新时装上市，以3天为一轮，一套时装以定价卖出，每隔一轮按原价削10%，以此类推。那么，到10轮（一个月）之后，蒙玛公司的时装就削到了只剩下35%左右的成本价了。这时的时装，蒙玛公司就以成本价售出。因为离时装上市还有一个月，价格已跌到原价的1/3，谁还不来买？所以一卖即空。蒙玛公司最后结算的结果是，赚钱比其他公司多，又没有积货的损失。

请思考：蒙玛公司采用的是哪种差别定价方式？

三、竞争导向定价法

竞争导向定价法是指一种以竞争者的价格为基础,根据竞争双方的力量等情况,由企业制定比竞争者的价格高、低或相同的价格,以达到增加利润、扩大销售量或提高市场占有率的定价方法。它主要包括以下几种方法。

(一) 随行就市定价法

随行就市定价法是指企业使自己的产品价格跟上同行的平均水平。这种定价方法有利于被消费者接受,因为人们认为的平均价格水平就是合理的价格。同时,这种定价方法可减少同行之间的竞争、减少风险,并能获得超额利润。

(二) 投标定价法

投标定价法是指购买者在报上刊登广告或发出函件,说明拟采购商品的品种、规格、数量等具体要求,邀请供应商在规定的期限内投标。这种定价方法主要用于建筑包工、产品设计和政府采购等项目。一般而言,投标价格主要以竞争者可能的递价为转移。递价低于竞争者,可以增加中标的机会,但企业的报价不能低于边际成本,否则将不能保证适当的利润。

(三) 主动竞争定价法

主动竞争定价法是指企业根据自身产品的实际情况及与竞争对手在产品性能、质量、成本、式样、规模等方面的差异情况,以高于或低于竞争产品的价格水平来确定产品的价格,甚至直接利用低价格作为企业产品的差异特征。

采用这种定价方法的企业必须要经常密切关注竞争对手产品价格的变化,分析其原因,并相应调整本企业产品的价格。

(四) 拍卖定价法

拍卖定价法是指买方委托拍卖行,以公开叫卖的方式引导买方报价,利用买方竞争求购的心理,从中选择高价格成交的一种定价方法。这种方法常见于出售古董、珍品、高级艺术品或大宗商品的交易中。

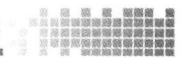

第三节　国际市场营销的定价策略

一、新产品定价策略

新产品是指在国际市场上首次在目标国市场推出的产品。新产品能否及时打开销路、占领市场和获得满意的利润,与产品的定价策略有一定的关系。新产品的定价策略主要包括撇脂定价策略、渗透定价策略、满意定价策略。

(一) 撇脂定价策略

撇脂定价策略是一种高价格策略,即企业向市场推出新产品时高位定价,以求在产品生命周期的初期尽快收回投资并获得最大利润,而当竞争者新进市场或市场销量减少时则逐步降低定价以提高产品的竞争力。例如,日本石英电子表在1972年推向市场时的售价为300美元,到1975年为64美元,1979年又降到25美元。采用这种定价策略需要具备以下条件。

① 产品是新推出市场的产品,价格缺乏可比性。
② 行业壁垒高,公司拥有某种专利、优先权或技术诀窍,竞争者难以进入。
③ 商品的需求价格弹性小,消费者对价格的敏感度较低。
④ 新产品具有消费者特别看重的差异性,市场上少有替代品,因此高价仍有较大的需求。

(二) 渗透定价策略

这是一种低价格策略,是指新产品一投入市场就以较低的价格销售,目的是在短期内加速市场成长,牺牲高毛利以期获得较高的销售量及市场占有率,进而产生显著的成本经济效益,使成本和价格得以不断降低。采用这种定价策略需要具备以下条件。

① 制造新产品的技术已经公开,或者易于仿制,竞争者容易进入该市场,市场竞争激烈。
② 产品的需求弹性大,消费者对价格敏感度高。
③ 低价不会引起当地竞争者的报复而进行反倾销指控。

企业根据市场需求、竞争情况、市场潜力、生产能力和成本等因素综合考虑,采用合适的策略。两种策略的选择标准如表6.1所示。

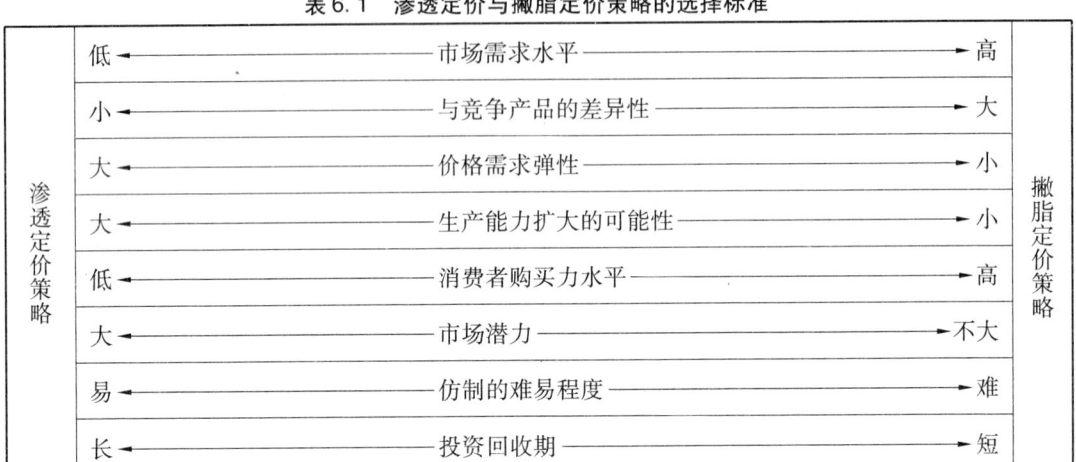

表6.1　渗透定价与撇脂定价策略的选择标准

渗透定价策略	低 ← 市场需求水平 → 高	撇脂定价策略
	小 ← 与竞争产品的差异性 → 大	
	大 ← 价格需求弹性 → 小	
	大 ← 生产能力扩大的可能性 → 小	
	低 ← 消费者购买力水平 → 高	
	大 ← 市场潜力 → 不大	
	易 ← 仿制的难易程度 → 难	
	长 ← 投资回收期 → 短	

（三）满意定价策略

这是一种介于撇脂定价策略和渗透定价策略之间的定价策略，所定的价格比撇脂价格低，而比渗透价格要高，是一种中间价格。这种定价策略价格稳定、利润平稳，能使生产者和顾客都比较满意。

二、心理定价策略

心理定价策略主要包括尾数定价策略、整数定价策略、声望定价策略、招徕定价策略和习惯定价策略。

（一）尾数定价策略

尾数定价策略又称零头定价、非整数定价，是指针对人们求实、求廉的心理，把产品的售价尽可能取低一位，降低大数等级，精确到角与分或定成零头结尾，给人一种价格便宜的感觉。例如，我们经常看到牙膏9.99元、毛巾7.89元等。

案例

以中低收入人群为目标顾客、经营日常用品的商家适合采用尾数定价策略，超市、便利店的市场定位决定其适用尾数定价策略。超市经营的商品以日常用品为主，其目标顾客多为工薪阶层，其动机的核心是"便宜"和"低档"。人们进超市买东西，尤其是大超市，如沃尔玛、家乐福、华联等超市产品价格低廉、品种齐全，而且人们多数是周末去，一次把一周所需的日用品购全。这样就给了商家在定价方面一定的灵活性，其中尾数定价策略是应用较为广泛且效果比较好的一种定价策略。因为尾数定价策略不仅意味着给消费者找零，也意味着给消费者更多的优惠,在心理上满足了顾客的需要,即价格低廉。而超市中的商品价格没有特别高的,基本都是千元以下,且以几十元的居多,因此在超市中的顾客很容易产生冲动性购买,这样就可以增加销售额。

(二) 整数定价策略

整数定价策略与尾数定价策略相反,其定价主要采用整数的方式。这种定价策略主要是满足高收入阶层在购买高档商品时的虚荣心理而采用的,整数给人一种方便、简洁的印象。

案例

对于一些礼品、工艺品和高档商品制成整数价,会使商品愈发显得高贵,满足部分消费者的虚荣心理。对于高档时装、皮衣等,商家可把基础价格略做变动,凑成一个整数,使顾客对此商品形成高价印象,以吸引高收入阶层的关注。例如,一双高档皮鞋,如果完全追随竞争者同类商品的平均价格,定价应为998元,但有经验的商家会把零售价格标为1 000元,这样不仅不会失去顾客,还能增强顾客的购买欲望。原因在于此类高档品的购买者多是高收入者,重视质量而不太计较价格,认为价格高就是质量好的象征,如果标尾数价格反而给人一种低价感,结果会事与愿违。

对方便食品、快餐,以及在人口流动比较多的地方的商品制定整数价格,适合人们的"惜时心理",同时也便于消费者做出购买决策。人们容易记住商品的整数价,因此会加深商品在消费者心里的印象。

(三) 声望定价策略

声望定价策略是指对一些名牌商品,企业往往可以利用消费者仰慕名牌的心理而制定大大高于其他同类产品的价格。例如,豪华轿车、高档手表、名牌时装、名人字画、珠宝古董等。这种定价策略不能随需求的短期变动而经常调整,即使成本下降也不能轻易降价,否则会影响产品形象。

(四) 招徕定价策略

招徕定价策略是适应消费者的"求廉"心理,将产品价格定得低于一般市价,个别甚至低于成本,以吸引顾客、扩大销售的一种定价策略。例如,一些药店为吸引消费者购买,会将部分药品降低价格,甚至低于成本,以吸引顾客,同时带动其他药品、保健用品的消费。

（五）习惯定价策略

有些产品在长期的市场交换中已经在消费者头脑中形成了一个参考价格水准，形成了为消费者所适应的习惯价格。例如，美国可口可乐每瓶的价格是50美分、麦当劳汉堡包是75美分一个，当地消费者已家喻户晓，一般不能轻易变化。如果企业定价低于该水准，易引起消费者对产品质量的质疑；提高价格，高于该水准，则会使消费者产生不满情绪，导致购买的转移。

三、折扣定价策略

折扣定价策略是指企业在基本定价的基础上，为了鼓励顾客及早付清货款或鼓励大量购买，或者为了增加淡季销售量，常常须酌情降低产品的基本价格，以给顾客一定的优惠。这种价格的调整叫作价格折扣或折让。

（一）数量折扣

数量折扣是指卖方按买方购买产品数量的多少，分别给予不同的折扣。数量折扣定价一般分为非累计基础上提供折扣（每张订单）和在累计基础上提供折扣（在一个规定的时期内订购的数量）两种。

（二）现金折扣

现金折扣是指企业对当即付款或在约定期限内付款的一种折扣优惠。典型的折扣表示如"2/10，n/30"，表示付款期限为30天，如果顾客能在10天内付清货款，则给予2%的折扣。

（三）季节折扣

季节折扣是卖主向那些购买非当令商品或服务的买者提供的一种折扣。它使企业的生产和销售一年四季都能保持相对稳定。例如，服装、空调、饮料、旅游等产品和服务，卖家会在销售淡季向买方提供一定优惠的价格。

（四）功能性折扣定价

功能性折扣是制造商给予中间商的一种额外折扣，使中间商可以获得低于目录价格的价格。功能性折扣是因为分销渠道中的成员各自发挥的功能不同，进而可以给予不同的折扣。例如，企业通常给予进口商和批发商较大的折扣，而给零售商的折扣较小，以鼓励进口商和批发商大量进货。

四、地理定价策略

(一) FOB 与 CIF 定价

FOB 称为离岸价或原产地定价,这种价格下生产企业只负责将该产品运到某种交通运输工具上之后,交货即告完成;CIF 是指包括成本费、保险费和运费在内的价格,又称为到岸价。

(二) 统一交货定价

企业对于卖给不同地区的顾客的产品都采取相同的定价,运输费用也是按照相同的运费计算,以保证企业在各地市场上的顾客都能以相同的价格购买同一产品。

案例

21 世纪初,日本人盛行穿布袜子,石桥便专门生产经销布袜子。当时由于大小、布料和颜色的不同,袜子的品种多达 100 多种,价格也是一式一价,买卖很不方便。有一次,石桥乘电车时,发现无论远近,车费一律都是 0.05 日元。由此他产生灵感,如果袜子都以同样的价格出售,必定能大开销路。然而,当他试行这种方法时,同行全都嘲笑他,认为如果价格一样,大家便会买大号袜子,小号的则会滞销,那么石桥必赔本无疑。但石桥胸有成竹,力排众议,仍然坚持统一定价。由于统一定价方便了买卖双方,深受顾客欢迎,布袜子的销量达到空前的数额。

(三) 分区定价

分区定价是指企业把销售市场划分为若干区域,对于不同区域的顾客分别制定不同的区域价格。分区定价类似于邮政包裹、长途电话的收费。

(四) 基点定价

基点定价是指企业在产品销售的地理范围内选择某些城市作为定价基点,然后按照出厂价加上基点城市到顾客所在地的运费来定价。采用这种方法,减少了顾客购买价格的差异,有利于统一产品的市场价格。

(五) 运费免收定价

运费免收定价是指卖方企业为买方企业负担全部或部分实际运费来定价。

这种定价的价格较低,企业期望通过增加产品销量以降低平均成本,弥补运费开支。

五、转移定价策略

转移定价策略是指跨国公司的母公司和各国子公司之间,或者各国子公司之间转移产品和劳务时,通过适当的价格变化,达到规避税收与风险的目的,从而增加公司的利润。

(一) 规避关税

当产品从甲国向乙国转移时,如果乙国关税较高,并且是从价税,那么企业就将转移价格低的产品,以减少应缴纳的税金。例如,A国某公司向B国出口某产品,B国海关对这种产品征收进口关税按从价计税,税率为20%,如果该产品的价格是20万元,则须缴纳关税4万元。但是,如果该A国公司有在B国投资的全资子公司,就可以先在母子公司之间交易,定价为10万元,则只须缴纳关税2万元,少交了2万元,对A国该公司来说是有利的。这种规避关税的方法有时不一定发生在跨国公司内部,在关系较为密切的两个不同公司之间也可以使用。

(二) 规避所得税

世界各国征收所得税的办法不同,税率相差很大,跨国公司可以利用在不同国家设立的子公司的交易减少整个所得税。例如,A国所得税高于B国,某跨国公司在两国均设有子公司,当该公司的产品由A国转移到B国时,定价低于正常水平;而当产品从B国转移到A国时,定价高于正常水平,这样就相当于多在B国缴纳,少在A国缴纳,但B国税率低,公司的总税额就减少了。

(三) 降低风险

跨国公司的风险非常大,除去自然风险和市场需求的风险外,还有政治、军事、汇率波动、外汇管制等。如果为了避免资金在该国大量积累,在向该国子公司转移产品时,可将价格定得高些,而由该国输出产品时,则将价格定得低些。

第四节　国际市场营销定价遇到的问题

一、倾销与反倾销

（一）倾销与反倾销的含义

倾销是指某一企业以低于国内市场的价格，甚至以低于生产成本的价格向某目标市场国大量抛售商品，以达到打垮目标市场国家同类竞争企业，垄断整个市场的目的。

反倾销是指进口国依据本国的反倾销法，由主管当局经过立案调查，确认倾销对本国同业造成损害后，采取征收反倾销税等对抗措施。

（二）倾销的特点

倾销是出口商根据不同的市场情况，以低于产品生产国家的市场价格对同一产品进行差价销售，具有一定的人为因素——有的倾销是为了销售过剩的产品，有的是为了争夺国外市场、扩大出口。由此可知，倾销的动机和目的是多种多样的。同时，倾销往往会给进口国的经济造成一定的损失，而且也是一种不公平的竞争行为。因此，国际市场一般是抵制倾销行为的存在的。

（三）反倾销具备的条件

首先，要确定反倾销事实的存在；其次，确定对国内产业造成了实质损害和实质损害的威胁，或者对建立国内相关产业造成了实质阻碍；再次，确定倾销和损害之间存在的因果关系。

二、统一价格与差别价格

在国际市场营销活动中，很多企业面临一个困惑，就是同一产品的价格在世界各国市场上是保持一致，还是针对各国不同的情况制定不同的价格。一般情况下，大多数企业会采用差别定价，因为各国的经济、历史、文化等因素不同，导致各国生产产品的成本、竞争价格等都不一样，企业会因为这些方面的不同，制定不同的价格。

三、公司总部定价与子公司定价

许多规模较大的公司，对于分布在世界不同国家的子公司，由总公司统一定价或是由子公司分别定价。一般情况下，由总公司与子公司联合定价。首先由总公司确定一个基价和浮动幅度，子公司可以根据所在国的具体情况，在总公司规定的浮动范围以内灵活地制定本地区的产品价格。

四、本国货币与外国货币

企业出口商品是选择本国货币还是选择外国货币，对于企业来说，一般会选择可兑换的货币和较为稳定的货币。可兑换货币一般是指在国际外汇市场上可自由进行买卖的货币。例如，美元、欧元、加拿大元、日元等。一般来说，企业在进口商品时，应选择汇价有下浮趋势的货币，即所谓的"软货币"；在出口商品时，应选择汇价有上升趋势的货币，即所谓的"硬货币"。在我国，60%以上的进出口产品采用美元计价结算。

五、国际转移定价

国际转移定价是指跨国公司根据国际市场营销目标在母公司和子公司之间或者在不同子公司之间转移商品或劳务时使用的一种内部交易价格。跨国公司制定转移价格主要有两种情况：一是比市价低；二是比市价高。

（一）转移价格比市价低

跨国公司以低于市场通行的价格，将产品调拨给其他不同主权国家的分支机构或子公司。其目的有3个：一是提高子公司的市场竞争能力；二是减少高关税税率对整个公司盈利的影响；三是充分利用某些目标市场国子公司所得税税率低的特点。

（二）转移价格比市价高

跨国公司在母国的总公司以高于市场的价格，将产品调拨给其在不同主权国家的分支机构或子公司。其目的有3个：一是避免东道国较高的公司所得税；二是应付东道国子公司将利润回报总公司的限制；三是应对东道国的恶性通货膨胀。

(三) 收取相关费用

跨国公司的母公司可以通过收取咨询费、服务费、管理费等费用或调整商标、专利、专有技术等无形资产的转让费用,来达到提高或降低子公司利润的目的。

(四) 提供贷款或设备租赁

跨国集团母公司既可采取向国外子公司提供高息或低息贷款的方法影响子公司的成本,还可通过对设备租赁费用高低的调整来达到转移定价的目的。

国际市场营销定价策略常用英文

① price　价格
② integer　整数
③ psychological　心理
④ arts and crafts　工艺品
⑤ mantissa　尾数
⑥ low end　低档
⑦ cost　成本
⑧ reduce the price　减价
⑨ margin　保证金
⑩ range　区间
⑪ ceiling price　最高价
⑫ floor price　最低价
⑬ letter of credit　信用证
⑭ collection　托收

相关链接

国际市场上的定价需要考虑诸多因素

据国外媒体报道,欧洲有用户曾致信苹果公司,抱怨 iPad 国际版售价高于美国售价。苹果公司回应称:"根据不同国家的法律,英国的价格必须包括附加税,税率约为18%。而美国的价格不含税。"英国市场的附加税与美国市场的销售税类似,但仅适用于特定类型的商品,并且包含广告成本。而美国的销售税不包含广告成本,并且在各地区税率有所不同。

英国标准的附加税税率为17.5%,而英国16GB Wi-Fi版iPad的售价为429英镑,这意味着该版本iPad的税前价格仅为365英镑。按照当时汇率计算,这相当于540美元,比美国市场约贵40美元。即便是将税率考虑在内,苹果产品在国际市场的售价仍然高于美国市场。造成这一价格差异的主要原因是:苹果公司需要为国际市场产品销售支出额外的物流成本,并且需要将在其他国家开展商业活动的成本考虑在内。此外,汇率的变化也是造成产品在国际市场有着不同售价的主要原因。

与此同时,iPad在德国的售价要高于其他欧洲国家。其原因是:德国刚开始向计算机产品征收新的版权税。因此,iPad在德国的售价比法国和意大利约高出15欧元。

习题

一、单项选择题

1. 下列产品除(　　)外一般都适用于成本加成定价法。
   A. 商品房　　　B. 皮鞋　　　C. 古董　　　D. 服装

2. 下列(　　)因素不一定会成为企业的定价目标。
   A. 生存目标　　　　　　　　B. 利润最大化目标
   C. 市场占有率目标　　　　　D. 公益服务目标

3. 能迅速收回投资的定价策略是(　　)。
   A. 撇脂定价策略　　　　　　B. 渗透定价策略
   C. 声望定价策略　　　　　　D. 招徕定价策略

4. 一台冰箱的价格定为5 000元,而不是2 999元。其定价策略是(　　)。
   A. 尾数定价策略　　　　　　B. 整数定价策略
   C. 折扣定价策略　　　　　　D. 习惯定价策略

5. 定价时要预测竞争对手的报价,提供比预测价更低的价格或是更优惠的条件用于投标。它常见于建筑工程、大型机器设备制造、政府大宗采购。这种定价方法叫作(　　)。
   A. 主动竞争定价法　　　　　B. 随行就市定价法
   C. 区分需要定价法　　　　　D. 投标定价法

二、简述题

1. 简述国际市场营销定价目标及影响因素。
2. 简述国际市场营销定价方法。

3. 简述折扣定价策略包括的内容。
4. 简述国际市场营销定价会遇到哪些问题。

三、案例分析题

1. 深圳某手机套出口企业外销业务人员小 B 在 B2B 网络出口平台上结识了韩国的金先生。在进行业务洽谈时,金先生对企业的新款手机套表示出了兴趣,要求小 B 报 FOB 价格和 CIF 价格,小 B 根据客户的要求报 FOB SHEGNZHEN USD4.163/PIECE,CIF PUSAN USD4.323/PIECE。

问题: 小 B 采用的是哪种定价法?该定价法有哪些特点?

2. 全世界最大的椅子有 7 层楼那么高,近 23 吨重,就在意大利东北部小城曼扎诺的一条路边。这个由赤松木制成的巨椅不是先锋派艺术家的作品,而是当地商界给制椅业的一份"特大号"承认:半个世纪以来,制椅业给曼扎诺和周边 10 个小镇带来了巨大的繁荣。这个称作"椅业三角"的地区每年出产多达 4 000 万把大小不同、形状各异的椅子——特别是山毛榉和橡木做的椅子,销往世界各地的办公室、家庭、宾馆、游艇、医院和饭店。当地人爱说一句话:在鼎盛时期,全世界每卖出三把椅子就有一把出自这里。这个普普通通的乡间小城发展成为意大利最富裕、最充满活力的商业区,是一个几乎人人有工作且熟练工人永远短缺的地方。为椅子制造提供生产设备的企业家助利奥·法宁骄傲地说:"我们是欧洲的中国。"

但是,如今真正的中国却使曼扎诺的成功像两条腿的凳子一样岌岌可危。这是全球化的典型例子:来自中国制造商的激烈竞争不断地把客户从曼扎诺抢走。过去三年来,约有 200 家曼扎诺公司被迫关闭,剩下的 900 多家也在艰难挣扎。锯木厂纷纷迁到克罗地亚、波兰和罗马尼亚,越来越多的预制配件都在那些地方生产。过去,基本型旋转办公椅是曼扎诺的势力范围。如今,曼扎诺生产这种椅子的企业几乎全部垮掉,因为中国制造商能以低得多的成本大批量生产质量相同的产品。眼下,中国人已经开始瞄上家居用椅和其他类型的椅子,不仅仅是基本型号的金属和塑料椅,而且包括工艺复杂的木材和皮革。在曼扎诺,人人都在谈论"这场危机",就连经营状况良好的公司也开始担心这里独特的产业结构即将解体。曼扎诺一位名叫西蒙娜·富卡奇的银行经理说:"人们眼里含着泪水,一副走投无路的样子。"

瓦莱里奥和卢乔·米宁就是例子。20 世纪 90 年代,他们的父亲半世纪前创建的公司每年生产 50 万把椅子。当年,公司仅生产了 13 万把椅子,而且有相当一部分堆在车库里卖不出去。公司最大的客户——一家法国批发商已经倒闭。营业收入在两年内下降 50%,米宁兄弟最近不得不从 15 名员工中解雇 5 名。"眼下的情形糟透了。"51 岁的瓦莱里奥说,"我真不知道怎么继续下去。你只能不停地把头往墙上撞,结果要么墙倒,要么是你倒。"

如今,意大利是欧洲的病人。如果把通货膨胀考虑在内,自1999年,意大利经济缩水4%,"椅业三角"的困境或许能解释原因。像德国和法国一样,意大利也一直受到消费支出疲软、生产力下降、政府赤字上升等问题的困扰。然而,不同于邻国的是,意大利缺少能通过出口解决问题的强有力的大型企业。今天的世界日新月异,许多曾经给予意大利经济活力和适应性的中小企业都无力应对这个世界带来的挑战。它们大多都不具备相应的规模、资金或商业专长以成为跨国企业。这些企业的产品固然很美,但既不特别复杂,也不难复制。换句话说,意大利的经济结构几乎天生就是要受中国"侵蚀"的——后者擅长的正是中等复杂程度的制造工艺,能够生产出西欧想都不敢想的低价品。从纺织品到鞋子,再到家具,一个又一个领域,西欧企业都在失掉阵地。

意中制造业之战的影响超越国界。如果意大利人能找到一条创造高端市场的途径(那些最为成功过的制椅公司正试图这么做),我们完全有理由相信欧洲人和中国人能够和平共处,共同繁荣。曼扎诺的一些企业家已经开始到中国寻找市场。办公椅生产商卢乔·扎莫说:"没有人能阻挡中国人。"扎莫通过使用中国进口的铝制基座(比意大利生产的基座便宜40%)降低成本。但是,如果事实证明欧洲人无法在激烈的竞争面前守住阵地,政客或许就会通过贸易保护主义措施助自己一臂之力。

曼扎诺的企业家知道,要想再创造辉煌,他们只能靠自己。机械工具制造商法宁说:"到了该成熟的时候了。你无法在价格上竞争,你需要相信自己的公司,需要创新。没有第三条路可走。"

问题:

(1) 中国生产的椅子依据什么策略打败了意大利生产的椅子?

(2) 意大利生产的椅子要想走出困境应采取什么策略?

第七章

国际市场分销渠道策略

学习目标

本章主要介绍了国际市场分销渠道的概念、目标和模式,以及国际市场分销渠道的策略和企业对国际分销商的管理。通过本章的学习,希望学生具备以下能力。

1. 熟悉国际市场分销渠道的概念和目标。
2. 掌握国际市场分销渠道的策略。
3. 了解国际市场分销渠道的管理决策,包括选择、激励、评价分销渠道成员。

导入案例 **戴尔与联想的渠道模式**

戴尔(中国)公司采用直销的渠道运作模式,没有零售点,只有顾客服务中心,除厦门总部外其他地区也没有仓库。用户通过 800 免费电话向戴尔下订单,无论是 1 台,还是 10 000 台,戴尔承诺在 4 至 7 天内完成订单要求配置的产品制造,并送达指定目的地。这样,计算机零部件及成品机的库存水平几乎达到零库存状态。而联想计算机公司则采用分销渠道,在全国各地设代理商、分销商、经销商达 3 000 多家,专营零售的专卖店 600 多家。近年来,由于计算机产品更新换代的速度越来越快,戴尔直销模式的成功,使联想不得不改变渠道运作模式,实施"分销+直销"的渠道模式。在分销渠道方面,联想主要缩短中间环节,使生产线更贴近市场,从 2004 年开始将全国市场由原来的 7 个大区进一步细分为 18 个销售区域。直销渠道是联想为应对戴尔而采用的新营销渠道策略,主要通过电话营销和网上下订单开展直销。而原来的一部分专卖店改为品牌产品展示店或售后服务店,这样腾出了更多的力量投入到直销方面。

第一节　国际市场分销渠道的概念

一、分销渠道的含义

分销渠道也通常称为销售渠道或商品流通渠道,是指产品从生产领域进入消费领域的流通途径。它不仅指产品实务形态的运动路线,还包括完成产品运动的交换结构与形式。国际企业管理分销渠道主要是为了将产品有效地从生产国转移到产品销售国市场,并参加销售国的市场竞争以实现产品的销售并获取利润。

二、分销渠道的目标

国际市场分销渠道的设计基本目标主要有经济目标、控制目标、适应目标和声誉目标。

(一) 经济目标

经济目标是企业国际市场分销渠道设计的基本目标,与企业的战略目标紧密联系。分销渠道的经济目标是以最小的投入获得最大的效益。企业依靠自身的力量建立分销渠道队伍与委托专门的分销代理商相比较,在成本和效益上有很大的区别。大量的实践证明,企业在规模较小、力量有限时,适合采用委托代理的形式,因为在国际市场分销渠道网络自建的初期,一般需要较大的资金和人员投入,只有实力强大的企业才能够做到。此外,自建分销渠道还与企业控制分销渠道的愿望有关,只有具有强烈的渠道控制愿望的企业,才适合采用自行建立的分销渠道队伍的方式。它们的关系如图7.1所示。

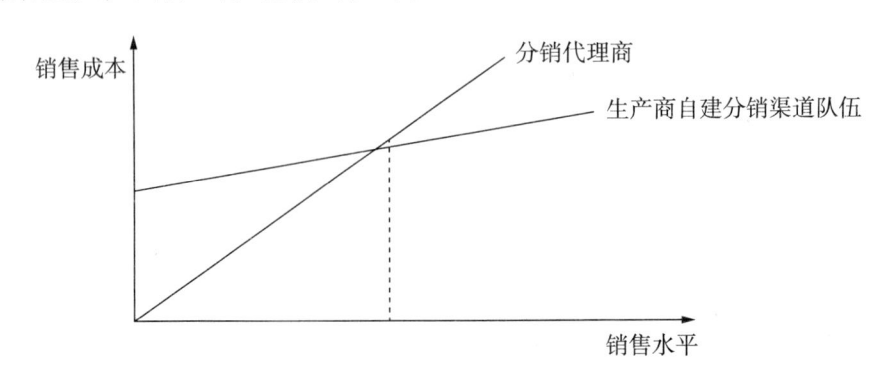

图7.1　生产商自建分销渠道队伍和利用分销代理商的关系

（二）控制目标

采用不同的分销渠道达到的控制效果不尽相同。一般而言，公司对自己的分销渠道队伍易于控制，容易及时向消费者和用户传达企业的最新意图，有利于形成良好的企业形象，并且可以灵活安排和调整渠道计划，依据企业的整体战略，在不同时期突出不同的重点。例如，为了配合新产品的上市，企业可以要求销售人员积极开展新产品的销售宣传工作，而不考虑新产品是否盈利。相反，如果采用分销代理的方式，生产企业往往会在控制性方面显得力不从心。企业的国际市场营销中，能否达到控制分销渠道的目的还与对中间商的选择有关。对那些不能有效地配合企业整体战略、自行其是的中间商，企业就要慎重选择，或者及时予以优化。

（三）适应目标

企业面临的国际市场营销环境是不断变化的，因而企业市场营销活动的设计要与环境变化的趋势相吻合。在分销渠道的设计上，也要本着适应环境变化和符合企业总体发展规划要求的方针，具有灵活变动的特征。例如，在与分销代理商签订分销代理合同时，合同的有效执行年限不能过长，以便为企业灵活变动分销渠道留有余地。

（四）声誉目标

企业的国际市场声誉直接影响企业对国际市场分销渠道的选择。同时，企业在设计国际市场分销渠道时，要将提高企业的国际市场声誉作为一个目标来进行规划。为了达到提高企业在国际市场声誉的目标，首先要精心选择分销商，拒绝与资信状况欠佳、形象和声誉较差的国际分销商建立业务关系。同时，要适当激励在分销渠道建设方面对企业有较大贡献的国际中间商。

三、国际市场分销渠道的模式

选择什么样的分销渠道在国外目标市场上销售商品，并不能仅由企业的主观愿望和自身条件决定，还要视各国现有的分销渠道模式来决定。

（一）国际市场分销渠道模式

进行国际市场营销，首先要涉及从母国进入目标国的过程，然后才是对目标国国内市场分销渠道模式的选择。国际市场分销渠道模式如图7.2所示。

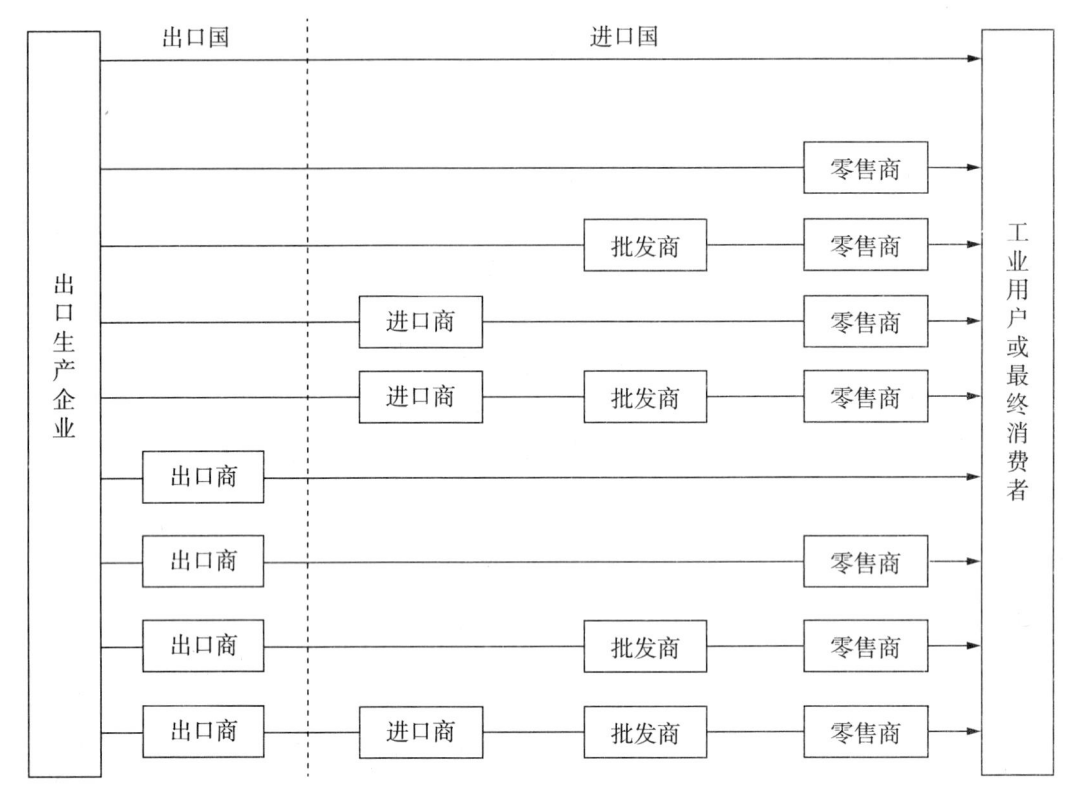

图7.2 国际市场分销渠道结构

由于社会分工的存在,产品在由国内生产者向国外最终消费者或用户转移的过程中要经过各种各样的中间环节。产品的特性、企业的指导思想等方面的差异,决定了产品的国际市场分销渠道的不同。设计国际市场分销渠道的结构,要从其长度、宽度和分销渠道成员的权利和义务等方面入手。在国际市场营销的分销渠道结构中,不仅包括出口国的市场分销渠道,还包括进口国的市场分销渠道。综合起来,一个完整的国际市场分销渠道系统主要由3个环节构成:第一个环节是出口国国内的市场分销渠道,由生产者和国内的批发商组成;第二个环节是出口国的出口商和进口国的进口商之间的市场分销渠道;第三个环节是进口国国内的市场分销渠道,由进口国的批发商和零售商组成。

(二)各国国内市场分销渠道模式

各国现有的市场分销渠道模式都各不相同,常见的消费品的市场分销渠道有如图7.3所示的几种基本模式。

第七章 国际市场分销渠道策略

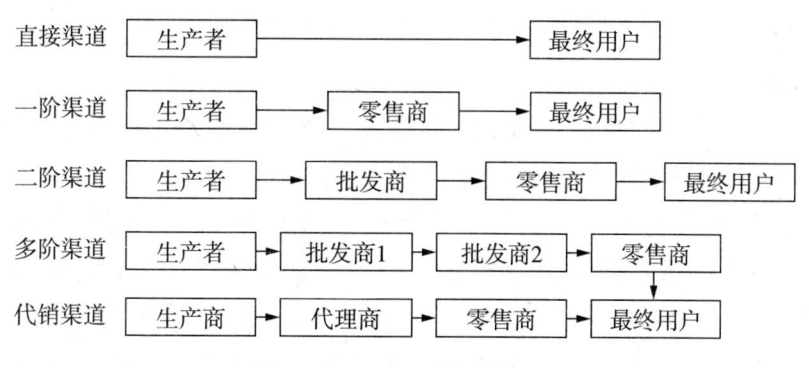

```
直接渠道    生产者 ─────────────────────────────→ 最终用户
一阶渠道    生产者 ──────────→ 零售商 ──────→ 最终用户
二阶渠道    生产者 ──→ 批发商 ──→ 零售商 ──→ 最终用户
多阶渠道    生产者 ─→ 批发商1 ─→ 批发商2 ─→ 零售商
                                                ↓
代销渠道    生产商 ─→ 代理商 ──→ 零售商 ──→ 最终用户
```

图 7.3　国内市场分销渠道模式

工业品市场分销渠道模式与消费者市场分销渠道模式相比，缺少了零售商的环节。这是因为生产资料的品种、规格、型号复杂，技术性强，需要生产企业提供各种技术服务，并且对批发商也有相应的要求。

从图 7.3 中可以看出，企业外部可利用的各种分销商可以分为两大类：一类是自营分销商，也就是批发商和零售商，它们买断销售的产品，获得货物所有权，通过赚取差价获利；另一类是代理分销商，它们直接代表委托人，而不是自主经营，主要通过完成生产商规定的一定销量，通过提成获利。在对国内和国外分销商分析时，要区分这两种情况。在实际的国际市场营销中，那些分工明确、性质单一的实体并不多见，有很多企业既经营出口又经营进口，既是代理分销商又是自营分销商，有的还承担运输工作，对这类企业分类比较困难。

从图 7.3 中可以看到，各种市场分销渠道的中间商的层次有多有少，我们把市场分销渠道中所包含的分销商层次的多少称为分销渠道的长度。我们通常把没有分销商的称为直接渠道，也叫零阶渠道；有一个分销商的称为一阶渠道；有两个中间商的称为二阶渠道；两个以上分销商的称为多阶渠道。可以看出，其中直接渠道没有中间层次，企业直接面向消费者销售；其他渠道都称为间接市场分销渠道，分销商层次少的称为短渠道，层次多的称为长渠道。例如，电视机、照相机、轮胎、家具、家电等常采用一阶渠道；生产食物、药品、五金及其他产品的小制造商常采用二阶渠道；肉类加工业常采用多阶渠道。有一些市场分销渠道还有更多的中间商层次，但不多见。从生产商的角度看，中间商越多，市场分销渠道就越长，也就越难控制。总之，市场分销渠道长短的策略要根据产品的特点、企业自身的条件及目标市场的情况具体分析。

市场分销渠道的各个层次上有不同数量的中间商，我们把各个层次上渠道成员的数量称为分销渠道的宽度，同一层次分销商数量多，称为宽渠道，反之称为窄渠道。使用较宽的市场分销渠道，可以覆盖较大的市场，有利于扩大销售；使用较窄的市场分销渠道，则利于提高中间商的积极性。渠道宽度的选择也要根据产品特点、企业条件及竞争情况具体分析。

案例

百事打破了原有的渠道格局,将大卖场、超市、便利店等现代通路独立出来,作为现代渠道的重要客户,由百事直接负责供货。其余的客户全部归类到传统通路,作为传统渠道仍然由经销商负责供货。经过多年的渠道整合,百事可乐在中国的目标分销渠道已经细分成为22个,如传统食品零售渠道、超级市场渠道、评价商场渠道、百货商店渠道、购物及服务渠道、餐馆酒楼渠道、办公机构渠道、大专院校渠道、娱乐场所渠道、旅游景点渠道等。但所有的分销渠道不外乎直接销售或间接销售,而间接销售的渠道有长渠道和短渠道之分。百事可乐在多年的渠道整合之后,已形成自己的独特分销渠道。

思考

1. 市场分销渠道成员有哪些?
2. 如何进行渠道管理?

第二节 国际市场分销渠道策略

企业进行国际市场营销时,面临着选择分销渠道模式的问题。通常要在以下几个方面做出决策。

一、国际市场分销渠道模式的标准化与地区化的决策

国际市场分销渠道模式的标准化是指企业在国外不同的市场上采取相同的分销渠道模式;地区化则是根据各地区的不同情况,采取不同的分销渠道模式。

理论上说,国际跨国企业一般喜欢用标准化策略,既可产生规模效益,也可借鉴以往经验。但在实务中,由于各国的市场特征,诸如消费者地理分布、数量、购买习惯的不同,各国的分销渠道结构不尽相同,同时由于竞争对手的分销渠道策略也各不相同,所以跨国企业一般采取地区化分销渠道模式。

二、国际市场分销渠道的长度决策

国际市场分销渠道的长短通常按经过的流通环节或层次的多少划分,长短只是相对而言。分销渠道越短,分销效率及控制程度就越高,可节约中间成本。

但是企业的决策必须考虑许多因素,如产品特点、市场状况、生产情况等综合因素。

直接渠道最短,其销售及时、商品消耗少、资金回收快;便于按需供货,提供各种服务;能直接了解市场信息,密切产需关系,有利于改进经营管理,按需生产;便于控制产品售价,独占销售利润,提高竞争能力。但直接渠道须占用较多的资金、人力,管理不易,且要承担全部市场风险。

间接渠道相对直接渠道长一些,是中间商对生产者的作用。它能大大减少生产者的资金、人力占用,分散市场风险;能降低交易成本;能缩短产需之间的时空距离,通过分销商的桥梁纽带作用,既有利于消费者寻找、选择商品,也有利于生产者开辟市场,扩大产品销路,调节、平衡市场供求,协调生产与消费。但间接渠道延长了产品流通时间,增加了流通费用,提高了产品售价,不便于提供全面、细致的服务,还容易导致工商之间的矛盾冲突。

> **思考**
>
> 举例说明哪些产品适用于短渠道,哪些产品适用于长渠道。电子商务的出现怎样改变了市场分销渠道的长度?企业应如何调整自己的市场分销渠道决策?

三、国际市场分销渠道的宽度决策

国际市场分销渠道的宽度取决于市场分销渠道的每个层次(环节)中使用同种类型分销商数目的多少。制造商选择较多的同类型分销商(如批发商或零售商)经销产品,则这种产品的市场分销渠道为宽渠道;反之,则为窄渠道。国际市场分销渠道的宽度决策一般可分为以下3种策略。

(一)密集型分销策略

密集型分销(intensive distribution)策略也叫作广泛性分销(extensive distribution)、多家分销,是指企业尽可能利用大量的、符合最低信用标准的分销商参与其产品的销售。密集型分销意味着分销渠道成员之间的激烈竞争和很高的产品市场覆盖率,最适用于便利品。它通过最大限度地便利消费者而推动销售的提升,因此产品的分销越密集,销售的潜力也就越大。

在这种情况下,企业往往必须实行广而密的铺货,使产品尽量地接近目标市场的消费者,以迅速扩大产品销路,方便购买,及时售出产品。而其不足之处是,在密集型分销中,生产企业对分销商提供的服务是有限的,同时在某一市场区域

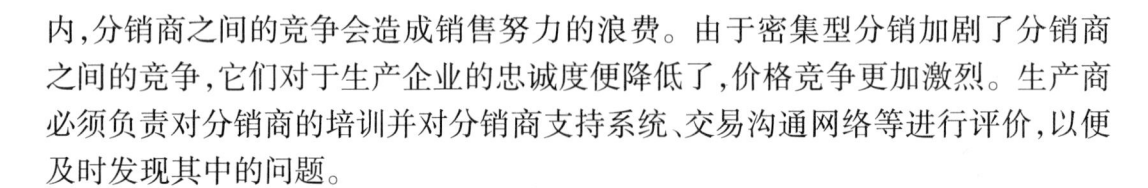

内,分销商之间的竞争会造成销售努力的浪费。由于密集型分销加剧了分销商之间的竞争,它们对于生产企业的忠诚度便降低了,价格竞争更加激烈。生产商必须负责对分销商的培训并对分销商支持系统、交易沟通网络等进行评价,以便及时发现其中的问题。

(二) 选择型分销策略

选择型分销(selective distribution)策略是指生产企业对于特定的市场,通过少数几个精心挑选的、最合适的分销商来销售本企业的产品。在这种策略下,其分销商有一家以上,但又不是让所有愿意经销的分销商都来经营某一种特定产品。一些已建立信誉的企业或一些新兴企业,都利用选择型分销策略来吸引分销商的加入,以期获得足够的市场覆盖面,并与从中挑选出来的分销商建立起良好的合作关系。与密集型分销策略相比,采用这种策略具有较强的控制力,成本也较低,因此也是一种常见的形式。

选择型分销策略中的常见问题是如何确定分销商区域重叠、交叉的程度。选择型分销策略中区域重叠的量决定着某一给定区域选择型分销策略与独家分销和密集型分销策略所接近的程度。虽然市场高重叠率会方便顾客的选购,但也会在分销商之间造成冲突;低重叠率虽然会增加分销商的忠诚度,但也降低了顾客的便利性。

(三) 独家分销策略

独家分销(exclusive distribution)策略是指生产企业在一定地区、一定时间只选择一家分销商销售自己的产品。独家分销策略的特点是市场覆盖面积小、竞争程度低。一般情况下,只有当公司想要与分销商建立长久而密切的关系时才会使用独家分销策略。因为它比其他任何形式的分销更需要企业和经销商之间的联合与合作,其成功是相互保存的。它比较适用于服务要求较高的专业产品。

独家分销策略既可以使分销商避免了与其他竞争对手竞争的风险,还可以使分销商无所顾忌地增加销售开支和人员以扩大自己的业务,不必担心生产企业会另寻高就。而且,采用这种策略,生产商能在分销商的销售价格、促销活动、信用和各种服务方面有较强的控制力。采用独家分销策略的生产商还期望通过这种形式取得分销商强有力的销售支持。独家分销策略的不足之处主要是由于缺乏竞争会导致分销商力量减弱,而且对顾客来说也不方便。另外,采用独家分销策略会使分销商认为可以支配顾客,因为在市场上它们占据了垄断地位。

采用独家分销策略,通常双方要签订协议,在一定的地区、时间内,规定分销商不得再经销其他竞争者的产品,生产商也不得再找其他分销商经销该产品。

> **思考**
>
> 请分析密集型分销策略、选择型分销策略、独家分销策略的异同点。

四、国际市场分销商的选择

生产商在设计国际市场分销渠道时,只有准确选择了理想的国际市场分销商,才能为今后的分销渠道建设工作打下坚实的基础。分销商选择得是否合适,直接关系着生产企业在国际市场上的经营效果。国际市场分销商的选择应建立在对国外市场的详细考察和充分了解的基础上。例如,某外国公司在向中国销售其自动计量的产品时,采取直接到中国销售的方式,鼓励其公司的销售人员积极到中国市场考察,以达到消除文化和语言障碍的目的。该公司在进入中国市场之前,其总裁曾多次到中国考察,了解中国人的特点和经商方式,以及对于计量产品的一般要求等,为其产品顺利地进入中国市场、采用合适的分销渠道和选择理想的国际市场分销商提供了充足的依据。

(一)目标市场的状况

企业选择分销商的目的就是要把自己的产品打入国外目标市场,让那些需要企业产品的国外最终用户或消费者能够就近、方便地购买或消费。因此,企业在选择分销渠道时,应当注意所选择的分销商是否在目标市场拥有自己需要的销售通路,如是否有分店、子公司、会员单位或忠诚的二级分销商;是否在那里拥有销售场所,如店铺、营业机构。国际市场分销商应对自己的实力和特长有清醒的了解,有固定的服务对象,应与目标市场的顾客建立起良好的关系,并且国际市场分销商的销售对象应该与企业的目标市场相一致,这样生产企业才能够利用国际市场分销商的这一优势,建立高效率的市场营销服务网络。

(二)地理位置

市场国际分销商要有地理区位优势,所处的地理位置应该与生产商的产品、服务和覆盖地区一致。具体地说,如果是批发商,则其所处的地理位置要交通便利,便于产品的仓储、运输;如果是零售商,则应该具有较大的客流量、消费者比较集中、道路交通网络完备、交通工具快捷等特点。

(三)经营条件

国际市场分销商应具备良好的经营条件,包括营业场所、营业设备等。例如,零售商营业场所的灯光设施、柜台等设施应齐全,才能有效地支撑零业务开展。

(四) 经营能力与特点

国际市场分销商的业务能力是决定销售成功与否的关键因素。需要对分销商的经营特点及能够承担的销售功能进行全面考察。一般来说,专业性的连锁销售公司对于那些价值高、技术性强、品牌吸引力大、售后服务较多的产品具有较强的分销能力;各种中小百货商店、杂货商店在经营便利品、中低档次的选购品方面力量很强。只有那些在经营方向和专业能力方面符合所有市场分销渠道要求的分销商,才能承担相应的分销功能,组成一条完整的市场分销渠道通路。在考察分销商的业务能力时,有以下几个方面的具体指标。

1. 经营历史

国际市场分销商应有较长的经营历史,在顾客中树立了良好的形象。

2. 员工素质

国际市场分销商的员工应具备较高的素质,具有较高的运用各种促销方式和促销手段的能力,并愿意积极地直接促进产品的销售;员工要具备丰富的产品知识,对相关产品的销售有丰富的经验和技巧;要具备较高的服务技能,能够随时解答顾客的提问,并为顾客提供诸如安装、维修等服务。

3. 经营业绩

国际市场分销商要有良好的经营业绩,在经营收入、回款速度、利润水平等方面都有完善的规章制度可循并有良好的效果。

(五) 信誉

国际市场分销商还应该有较高的声望和良好的信誉,能够赢得顾客的信任,能与顾客建立长期稳定的业务关系。具有较高的声望和信誉的分销商,往往是目标消费者或二级分销商愿意光顾甚至愿意在那里出较高价格购买产品的分销商。这样的分销商不但在消费者的心目中具有较好的形象,还能够烘托并帮助生产商树立品牌形象。

(六) 合作态度

生产企业在选择分销商时,要注意分析有关分销商分销合作的意愿、与其他渠道成员的合作关系,以便选择到良好的合作者。分销渠道作为一个整体,每个成员的利益来自于成员之间的彼此合作和共同的利益创造活动。从这个角度讲,生产企业要求分销商要共同承担分销产品的任务,通过分销把彼此之间的利益"捆绑"在一起。只有所有成员具有共同愿望、共同抱负,具有合作精神,才有可能真正建立一个有效运转的销售渠道。因此,生产商所选择的分销商应当在经营方向和专业能力方面符合所建立的分销渠道功能的要求,愿意与生产商合作,共同负担一些市场营销职能,如共同促销等。生产商与分销商良好的合作关系,不单是对生产厂家、对消费者有利,对分销商也有利。

案例

理胜公司选择分销渠道成员的条件

理胜公司是加拿大最大的汽车零件供应商海带公司的一家分公司,主要业务是制造及配送零件给公司售后市场,主要产品有理想牌活塞环、胜利牌密封片及细封。在这3条产品线上,大约有1.5万个产品项目,其中有20%的产品非常畅销,约占总销售额的80%。但目前,公司的营销网络受到了来自采购集团的挑战,迫使负责售后市场的销售经理穆尔先生不得不重新考虑公司营销网络系统的政策。

穆尔在选择营销网络时,认为要考虑以下几点:第一,公司的产品要有一个足够的库存量,包括周转快和周转慢的产品,能以独家成本支付仓库存储及劳务费;第二,分摊库存费税、场地税、个人财产所得税;第三,为公司提供一支受过培训的地方性销售队伍——熟悉汽车零件的产品知识,不仅要访问老顾客,还要能开发新客户;第四,传发有关介绍新产品的印刷品,协助公司准备售点广告,参与促销及分销;第五,分配、更新、替换公司的商品目录,处理所有向批发商开出的支票并提供所有的信用保证;第六,培训批发商的销售队伍,通过数个小型批发商提供的有效服务,促使行业的繁荣。

第三节 国际市场分销渠道管理

国际市场营销中的国际市场分销渠道复杂多变,因此对国际市场分销渠道的管理就成为一个重要课题。由于国际市场分销渠道主要由分销商构成,因而支持分销商的工作,对它们的业绩进行有效的评估,减少分销渠道成员之间的冲突,促进分销渠道成员的合作,从而提高分销渠道经营的效果,就成为分销渠道管理中的主要内容。

一、支持国际中间商

生产企业往往在国际市场的营销目标、产品组合、促销活动、销售报酬及服务客户等方面与国际市场分销商存在意见和分歧,抱怨分销商不能很好地与生产企业保持一致,不能积极主动地配合生产企业的统一发展战略。为了建立通畅的国际市场分销渠道,生产企业要认真分析分歧产生的原因,并采取有效的措施激发国际市场分销商的积极性。

对分销商予以支持、调动分销商的积极性是国际市场分销渠道管理的一个重要方面。对国际市场分销商的主要支持措施有以下几个。

(一)开展促销活动

生产企业主动承担广告宣传、商品陈列、产品展览和操作表演、举办新产品信息发布会等促销职能,这样能够调动分销商的积极性,促进国际市场分销渠道的顺利运转。在开展促销支持方面,苹果电脑公司做得非常成功。

案例

苹果电脑公司的销售渠道策略

苹果电脑公司的市场分销渠道与市场分销战略在进入专业人员和企业用户市场中起了重要作用。该公司与750至800家独立零售商建立了密切的联系,并通过向用户提供免费软件热线、月报杂志等,向用户介绍电脑的应用。此外,公司还与分销商开展合作广告活动,根据分销商购买金额的多少,给予其购买金额30%的广告补贴。苹果电脑公司还规定,电脑的销售必须借助经过严格训练的直接推销队伍,只有这样才能牢牢地抓住用户。

依靠这种分销模式,苹果电脑公司得以保持很高的利润收入和较低的直接销售成本。苹果电脑公司还通过自己的区域辅助中心直接向零售商销售,从而减少了中间环节。其目标是实施更有效的存货控制,使公司产品更接近最终用户。公司通过举办题为"苹果意味着经营"的销售研讨班,对分销商进行直接培训,向它们提供结构说明,便于教育最终用户。此外,公司还向分销商提供必要的条件,使之能及时向用户提供维修和免费换件服务。

(二)资金支持

生产企业可以给予国际市场分销商付款上的优惠,以弥补分销商资金的不足,如允许市场分销中间商分期付款等。然而,国际市场风云变幻,采用分期付款、延期付款的支付方式,虽然可以提高分销商的积极性,达到激励的目的,但也加大了生产商的风险,因此生产商应该对国际市场分销商的信用情况有详细的了解,只有确信可以收到货款时,才可以采用付款优惠的方式。

（三）管理支持

生产企业可以协助国际市场分销商进行经营管理,培训管理人员,提高分销的效果。管理支持对一些需要技术支持的机械设备产品、高科技产品和一些需要规范与标准化的服务行业尤其重要。

（四）提供情报

生产商将市场情报及时传递给国际市场分销商,将生产与市场营销的规划及时向国际市场分销商通报,为它们合理安排销售计划提供依据。

二、评估国际市场分销商

生产商还必须定期评估国际市场分销商的业绩,了解它们的活动是否符合生产企业的分销目标、是否符合生产企业的利润计划。

（一）评估步骤

步骤1:制订计划。制订计划就是确定企业的分销规划,包括分销政策、分销商的选择标准、目标市场战略等。

步骤2:明确评估的标准与方法。这是指与国际市场分销商签订销售协议,明确它们的权利与义务,明确对国际市场分销商评估的程序、评估的标准和评估的方法。

步骤3:实施评估。这是指根据评估的标准和方法对分销商实施评估,归纳出分销渠道中存在的问题,并做出这些问题对企业影响程度的准确判断等。

步骤4:奖励措施。这是指制定一个奖励条例,对执行协议好的国际市场分销商予以奖励,对不能完成销售任务的国际市场分销商给予惩罚,并对个别业绩差的分销商做出放弃或更换的决定。

（二）评估标准

在以上对国际市场分销商的评估步骤中,明确阐明评估的标准是十分必要的。具体地说,对国际市场分销商的评估标准主要有以下几个。

① 销售量或销售额。这是指是否完成了规定的销售量或销售额;销售量或销售额的构成中新旧业务的比例是多少。

② 市场目标。这是指是否具有市场开拓的能力;市场占有率的提高情况。

③ 存货控制。这是指存货水平及管理存货的能力。

④ 存款回收。这是指交回货款的及时程度;拖欠货款的时间及数量。

⑤ 促销。这是指对生产商促销活动的合作程度;主动开展促销活动的热情与能力。

⑥ 服务。这是指提供给客户的服务项目及服务水平。

⑦ 其他。这是指对特殊事件的处理能力、对破损遗失货物的处理能力等。

(三) 评估方法

在明确了评估的标准之后,就需要采用一定的方法对国际市场分销商进行评估。对国际市场分销商评估的方法通常有横向比较法和纵向比较法两种。

1. 横向比较法

横向比较法是指以整体的绩效上升比率为标准,比较每个国际市场分销商是高于平均水平还是低于平均水平。对销售绩效高于平均水平的国际市场分销商,要采取奖励措施,鼓励它们继续提高业绩;对低于平均水平的国际市场分销商,要全面分析主客观原因,提出改进和努力的方向;对个别不负责任的国际市场分销商,要采取适当的惩罚手段。

2. 纵向比较法

将每一个国际市场分销商的销售绩效与上一期的绩效相比较,看各个分销商完成的销售绩效上升情况。对于绩效上升幅度居于领先地位的国际市场分销商要进行奖励;对于销售上升比率低甚至下降的分销商要分析原因,甚至进行惩罚。

三、调整国际市场分销渠道

国际市场分销商的调整涉及两个层面:第一个层面调整幅度较小,即不改变分销渠道的整体构成,仅仅是增加或减少个别分销商,即去掉某些业绩低于某种控制线的分销渠道成员,而对于有发展潜力的新市场,吸纳新的国际市场分销商作为分销渠道成员;第二个层面是调整分销渠道的整体构成,形成新的分销渠道,这需要大幅度地调整分销商及其职责。

(一) 增减分销渠道中的个别国际市场分销商

增减个别国际市场分销商是根据企业的整体战略规划和对国际市场分销商的评估指标进行的。一方面,对那些不能完成生产商的分销定额、不积极合作、影响生产企业市场形象的个别国际市场分销商,终止与它们的合作关系;另一方面,通过认真的评估,吸收有积极性、业绩良好、形象信誉卓著的国际市场分销商。有时,生产商在对分销渠道进行评估的基础上,要将那些低于一些控制线的国际市场分销商从分销渠道中删除,从而提高分销渠道的业绩水平。例如,水泥的体积大、重量高、产品的单位价值比较低,生产企业对所有销售量低于一定规模的国际市场分销商,不再提供货源,原因是如果保留它们,国际市场分销商的销售批量达不到经济规模,就意味着生产企业会提高供货的成本。一般而言,像水泥这种单位价值低、体积大的产品,只能采用铁路或货轮运输,而卡车运输的成本高,会削弱市场竞争力,因此生产商必须将这样的国际市场分销商从分销渠道中去除,以提高分销商的总体销售水平。

(二)调整分销渠道结构

随着市场环境的变化,原有的分销渠道会在很多方面表现出不适应,所以生产商要对分销渠道的结构进行调整,以提高产品的竞争力。分销渠道有多种模式,仅仅增减个别的分销渠道成员有时不能解决问题。在这种情况下,往往需要对分销渠道结构进行大幅度调整,增加一些新的渠道,或者去掉一些老的、不适应形势要求的渠道。

调整分销渠道结构是企业市场营销组合和市场政策的重大变革,因此要十分谨慎。例如,汽车制造商为了加强对分销渠道的控制,将原来的独立分销商制度变更为自己直接设立销售分支机构。这种调整分销渠道结构的方式要求企业投入巨额的资金,要有一支国际化的销售人员队伍。因此,生产商要在衡量是否具有自建分销网络的能力之后再做出决策。

四、消除分销渠道冲突

国际市场分销渠道是由生产企业和各种类型的国际市场分销商组成的,由于所持观点和各自利益的不同,再加上跨越国界,客观上存在社会文化、政治法律等方面的差异,所以必然会产生一些冲突。例如,生产商希望分销商只销售自己的产品,而国际市场分销商只要有销路,经营哪一个生产商的产品都可以。再如,生产商希望分销商多做广告,而国际市场分销商则要求生产商承担部分或全部广告费用。显然彼此在利益和目标等方面均是不同的。由于国际市场营销的环境复杂,产生冲突的概率也就相应加大了。

(一)冲突的类型

冲突的产生主要是由于生产企业和国际市场分销商之间彼此的不满意造成的。生产企业对国际市场分销商的不满主要有以下几个方面:分销商提供的服务不到位;分销商和生产企业之间的信息交流不畅通;分销商越权管理,造成混乱局面;分销商付款不及时,彼此之间产生回扣和付款争议;产品运输的过程中损失和损坏严重;广告费用争议;分销商的市场渗透不利;分销商不执行生产企业的分销政策,等等。

国际市场分销商对生产企业的不满主要有以下几个方面:产品缺货;新产品开发存在时滞;为解决问题进行的交流无效;产品存在质量问题或产品有缺陷;错误的销售预测;包装问题造成的产品损坏;淡季财务负担不合理,等等。

(二)分销渠道冲突的解决途径

只有保障分销渠道的和谐畅通,才能为所有分销渠道成员带来好处,因此企业要及时解决分销渠道存在的矛盾。首先,从思想观念上要充分认识合作对各方的重要战略意义,生产企业和国际市场分销商都必须认识到分销渠道是一个体系,只有共同努力,将分销渠道体系建设通畅才能给每一个分销渠道成员都带来利益;其次,企业还要分析冲突产生的原因,强化服务意识,改善供应或服务的方式与方法;第三,通过协商的方式建立一套分销渠道运行的制度,使各方在今后的活动中有章可循。

国际市场分销渠道策略常用英文

① channel　渠道
② length　长度
③ direct　直接
④ indirect　间接
⑤ width　宽度
⑥ narrow type　窄型
⑦ speciality　专门
⑧ speciality model　专门型

相关链接

松下公司的市场分销渠道

日本松下电器公司生产的电视机、录像机、电冰箱、空调设备等家用电器产品数量庞大,销往世界各地,被称为"世界的松下"。该公司认为,与大批量生产产品相适应,必须确定大规模的市场分销体制。鉴于许多产品需要向顾客提供维修、技术指导等服务,而公司又有足够的资源销售产品,因此为了控制产品分销渠道,提高市场竞争力,该公司在决定渠道长度时,采取了以零层次为主的短渠道。该公司设有营业本部,在全国设立近百个营业所,销售网遍布日本各地。日本的家用电器店有5万多家,松下电器店就有1.8万家,加上经销松下产品的商店,共有 3 万多家。该公司在海外设有 27 个生产公司。为了销售其产品,在世界许多地区设立了 20 多个销售公司和成百上千家销售店。

海尔的营销网络

一、国内市场分销渠道

海尔与经销商、代理商合作的方式主要有店中店和专卖店。这是海尔营销分销渠道中颇具特色的两种形式。

海尔将国内城市按规模分为 5 个等级,即

一级:省会城市

二级:一般城市

三级:县级城市、地区

四、五级:乡镇、农村地区

在一、二级市场上以店中店、海尔产品专柜为主,原则上不设专卖店;在三级市场和部分二级市场建立专卖店;四、五级网络是二、三级市场分销渠道的延伸,主要面对农村市场。同时,海尔鼓励各个零售商主动开拓网点。目前,海尔已经在国内建立营销网点 10 000 多个,但在中小城市特别是农村地区建立的分销渠道还很有限。

二、海外市场分销渠道

在海外市场,海尔采取了直接利用国外分销商现有网络的方法,其优点在于可以直接利用国外分销商完善的销售和服务网络,极大地降低分销渠道建设成本。现在海尔在 31 个国家建立了分销网,一共拥有近 10 000 个分销点,使得海尔的产品可以随时进入世界上任何一个国家。

三、海尔对分销渠道的控制

海尔在全国各地的分销渠道以设立店中店和专卖店等销售网点为主。为了加强对各个网点的控制,海尔在各个主要城市设立了营销中心。营销中心负责网点的设立、管理、评价和人员培训工作。

1. 对店中店和电器园的控制

海尔在选择建立店中店的商家上是十分慎重的,采取的原则是择优而设。为了加强对店中店和电器园的控制,使其能够真正地成为海尔集团的窗口并发挥主渠道作用,海尔采用在当地招聘员工派入店中店或电器园担任直销员的方法。

直销员的职责是现场解答各种咨询和质疑,向顾客提供面对面的导购服务。每一个直销员每天必须按规定做好当日的日清报告,每周必须到当地的营销中心参加例会,接受新产品知识和营销知识培训等。同时,海尔对派驻各个网点的直销员实行严格的考评制度。

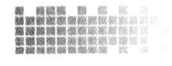

2．对专卖店的控制

海尔设立专卖店的初衷是因为在一些二、三级地区和农村市场中找不到具备一定经营规模、能够达到海尔标准的零售商。

在对专卖店的管理中,海尔倾注了非常大的力量。"海尔集团营销中心通过一系列的工作对专卖店进行指导,从而为各地专卖店在当地扩大网络和销售发挥了极大作用。为了提高专卖店经销海尔产品的积极性,集团营销中心还特意制定了海尔专卖店激励政策。"

在指导专卖店工作方面,集团营销中心每月编制《海尔专卖店月刊》,内容涉及对专卖店的讲评、前期专卖店工作的总结,最重要的是介绍专卖店的先进经验,在全国推广。海尔集团还采取各种措施鼓励所有的专卖店利用自身便利条件向下属的乡镇和农村开拓新的分销网点。

为了加强对专卖店的监督和管理,海尔集团每年对专卖店进行一次动态调整,不符合要求的将被取消专卖店资格。这实际上是海尔集团对专卖店这一分销渠道的定期评价和调整。

习题

一、单项选择题

1．企业国际市场分销渠道设计的基本目标是(　　)。
　　A．经济目标　　B．控制目标　　C．适应目标　　D．声誉目标
2．生产企业在一定地区、一定时间只选择一家分销商销售自己的产品属于(　　)。
　　A．密集型分销　　B．选择型分销　　C．独家分销　　D．专业分销
3．分销渠道的每个层次(环节)中使用同种类型分销商数目的多少,称为(　　)。
　　A．渠道宽度　　B．渠道长度　　C．渠道密集度　　D．渠道数量
4．企业在国外不同的市场上采取相同的分销渠道模式,称为(　　)。
　　A．标准化模式　　　　　　　　B．地区化模式
　　C．差异化模式　　　　　　　　D．多样化模式
5．与国际市场分销商签订销售协议,明确它们的权利与义务,明确对它们评估的程序、评估的标准和评估的方法,称为(　　)。
　　A．制订计划　　　　　　　　　B．明确评估的标准与方法
　　C．实施评估　　　　　　　　　D．奖励措施

第七章　国际市场分销渠道策略

二、简述题

1. 简述各国国内市场分销渠道模式。
2. 简述国际市场分销商选择的依据。

三、案例分析题

安利在中国的渠道转型

美国安利公司是世界知名的日用消费品生产商及销售商，业务遍及五大洲80多个国家和地区。以安利为商标的产品共有五大系列400余种，安利全球员工超过1.2万人，市场营销人员超过300万人。由于安利公司的两位创始人狄伟士和温安洛都是推销员出身，所以在50年来直销一直被安利公司看成最有效的营销方式。然而，当安利兴冲冲地将这种市场营销模式导入中国的时候，遇到了前所未有的尴尬。

1995年，安利正式落户中国，在广州投资1亿美元建成了安利在海外唯一的现代化日用消费品生产基地，欲在中国掀起一场安利的直销风暴。可是很快国内形形色色打着直销旗号的传销诈骗活动搅乱了安利的市场前景。1998年4月21日，国务院《关于禁止传销经营活动的通知》出台，对传销（包括直销）活动全面禁止。

对于安利来说，1998年无疑是它在中国的一个分水岭，随着这年4月在中国的业务被解禁，安利开始在中国寻求新的生存方式。1998年7月经批准，安利（中国）日用品有限公司正式采用新的市场营销方式，由直销改为"店铺＋雇用推销员"的经营模式。自此，安利40多年来在全球80多个国家和地区均通过直销产品进行销售的传统被彻底打破。转型后的安利把原来分布在全国的20多个分公司改造成为第一批店铺，以后又陆续对这些店铺进行扩充。所有产品均明码标价，消费者可以直接到专卖店中自行选择。同时，此举也让安利做出了新的尝试，即突破原有的直销模式，多种销售方式并举。这对于融入中国国情的安利来说也是一种挑战。

安利的分销渠道转型为其带来了巨大的市场收益。2018年，安利在全球的销售业绩达86亿美元，位居全球直销企业排名第一。

问题：

（1）分析安利所面对的中国市场的环境特点。安利为应对中国市场环境做出了怎样的分销渠道决策？

（2）安利的分销渠道转型是通过哪些途径实现的？取得了怎样的成效？请分析其成功的原因。

第八章
国际市场营销促销策略

学习目标

本章主要介绍国际市场营销的促销策略,具体包括人员推销、广告、营业推广、国际公共关系4种促销方式。通过本章的学习,希望学生具备以下能力。

1. 掌握国际市场营销促销的概念和意义。
2. 熟悉国际市场营销人员推销的形式和方法、国际市场营销广告推广。
3. 熟悉国际市场营销营业推广的形式和方法,能为企业在国际市场设计符合当地市场的营业推广方案。
4. 熟悉国际市场营销公共关系的概念,能有效地在国际市场营销中化解危机。

导入案例 推销大师吉拉德的被推销经历

一次,推销大师吉拉德的太太琼·吉拉德要他陪她去逛皮衣店。作为一名普通顾客,吉拉德对店员的推销无动于衷,而店员却让他太太一件接一件地试穿衣服。最后,吉拉德太太找到了一件自己非常喜欢的大衣,站在镜子边足足欣赏了10分钟。"我就要这一件,可我知道要花太多的钱,亲爱的。"吉拉德太太向丈夫询问道。

还未等吉拉德开口,那位推销小姐就抢着说:"您穿这件大衣,看起来有一种梦幻般的感觉。您不同意吗?吉拉德先生。"

"嗯,是的。"吉拉德一边盯着标价,一边含糊地说。然后又补充了一句:"琼,你看上去漂亮极了。"

推销小姐转而对吉拉德太太说:"有很多丈夫陪着太太到这儿来,却说他们的太太穿着皮衣形体臃肿。亲爱的,您有这样一位体贴的丈夫真是幸福和幸运。我打赌他不会让您失望。"

这一番话使吉拉德感到自己高大无比,他的脸上也堆满了得意的笑。但很快就领悟到,他已经为太太买下了那件昂贵的大衣!

问：这位推销大师是如何被成功推销的？

第一节 国际市场营销促销策略概述

一、国际市场促销的概念与作用

（一）促销的概念

对于促销的理解可以从狭义和广义两个角度来理解。

促销(Promotion)一词最早来源于拉丁语，原意是"前进"。从狭义上讲，市场营销界权威菲利普·科特勒在其市场营销学的经典名著中曾对促销做了如下界定：促销就是刺激消费者或者分销商迅速或大量购买某一特定产品的促销手段，包含各种短期的促销工具。从广义上看，促销包含的内容非常广，是指企业将产品和服务的信息传递给目标市场，并刺激消费者的购买欲望。

（二）国际市场促销

国际市场促销与国内市场促销类似，只是国际市场促销面对的是国际市场。国际市场促销就是在国际市场营销活动中，通过人员推销和非人员推销的方式，传递产品或服务的存在及其性能、特征等信息，帮助消费者认识产品或服务所能带给他的利益，从而达到引起消费者注意、唤起需求、采取购买行为的目的。

国际市场促销策略主要有4种形式，包含人员推销和非人员推销两类，非人员推销又分为广告、营业推广和公共关系。

（三）促销的作用

作为市场营销组合中的最后一个因素，促销发挥着非常重要的作用，主要体现在以下4个方面。

① 传递信息，提供情报。
② 突出特点，诱导需求。
③ 指导消费，扩大销售。
④ 形成偏爱，稳定销售。

二、国际市场促销组合与组合策略

(一) 国际市场促销组合概念

国际市场促销组合是指从事国际市场营销的企业根据促销的需要,对广告、营业推广、公共关系和人员推销等各种促销手段进行适当选择和综合运用。由于各种促销手段有不同的优势和特点,企业在促销中应针对不同的目标消费者、不同的产品、不同的竞争环境等选择合适的促销手段,并将它们加以整合运用,以达到在促销预算约束下促销效率的最大化。常见促销方式的优缺点如表8.1所示。

表8.1 常见促销方式的优缺点

促销手段	优 点	缺 点
人员推广	与消费者直接接触,可灵活地进行促销宣传,能立即得到消费者的反馈信息	市场覆盖面有限,推销成本较高;推销队伍的管理复杂
广告	信息传播范围广,可以控制信息传播的内容、时间	对单个消费者的针对性不强;制作、发行总体费用较高
营业推广	激励零售商支持产品的销售,给消费者提供购买的刺激,提升短期销售量	过于频繁的营业推广会引起消费者的疑虑和反感,不利于提升品牌形象
公共关系	可信度高,易于被人们接受,有利于树立良好的企业形象	见效慢,间接促销

(二) 国际市场促销组合策略

不同的促销组合形成不同的促销策略,如以人员推广为主的促销策略、以广告为主的促销策略。从促销活动运作的方向来分,主要有推式策略和拉式策略两种。

1. 推式策略(从上而下式策略)

推式策略中以人员推广为主,辅之以分销商营业推广,兼顾消费者的营业推广。把产品推向市场的促销策略,其目的是说服分销商和消费者购买企业产品,并层层渗透,最后到达消费者手中。这种策略一般适合于单位产品价值高、性能复杂,消费者或者用户对产品不太了解或根本就不了解的情况。例如,一些专业性设备、财务管理软件等的促销。这种策略也适用于新产品的市场开拓。

2. 拉式策略(从下而上式策略)

拉式策略以广告促销为拳头手段,通过创意新、高投入、大规模的广告轰炸,直接诱发消费者的购买欲望,由消费者向零售商、零售商向批发商、批发商向制造商求购,由下至上,层层拉动购买。这种策略一般适用于单位价值低、市场需求量大、流通环节多,消费者或用户对产品非常了解和熟悉,市场比较成熟的情况。

在企业实际操作过程中,常常要根据具体情况灵活地将两类策略有机地结合起来使用,如先推后拉、推拉结合或者先拉后推。

> **思考**
>
> 请简要分析拉式策略与推式策略的特点。

三、国际市场促销手段组合的影响因素

企业的国际市场促销手段多种多样,且具有不同的特点和功效,因此需要对促销手段进行优化组合,从而选择最佳的促销组合策略。在具体进行何种手段选择时,需要考虑的主要因素包括促销目标、市场性质、产品性质、产品生命周期、促销费用等。

(一) 促销目标

企业在不同的时期及不同的市场环境下有不同的具体的促销目标,目标不同,促销组合就会有差异。如果在一定时期内,企业的促销目标是在某一特定市场迅速增加销售量,扩大市场份额,则促销组合应更注重广告和营业推广,强调短期效益;如果企业目标是树立本企业在消费者心目中的良好形象,为其产品今后占领市场、赢得有利的竞争地位奠定基础,则促销组合应更注重公共宣传和辅之以必要的公益性广告,强调长期效应。

(二) 市场性质

对不同的市场需求应采取不同的促销组合。首先,应考虑市场的地理位置和范围大小。规模小、距离近的本地市场,应以人员推销为主;而在较大规模的市场(如全国市场)进行促销时,则应采用广告和公共关系宣传。其次,应考虑市场类型。消费品市场的买主多而分散,不可能由推销人员与消费者广泛接触,主要靠广告宣传介绍产品吸引顾客;工业品市场的用户数量少而购买量却大得多,应以人员推销为主。第三,应考虑市场上不同类型潜在顾客的数量。

(三) 产品性质

对不同性质的产品(如消费品或工业品),消费者购买要求不同,需要采取

不同的促销组合。通常消费品比工业品更多地使用广告,工业品多使用人员推销。而公共关系、营业推广的方式对工业品和消费品来说同等重要。

(四)产品生命周期

在产品生命周期的不同阶段促销的目标不同,要相应地选择不同的促销组合,如表8.2所示。

表8.2 产品不同生命周期的促销

产品生命周期阶段	促销目标	促销主要手段
导入期	认识了解产品	广告、公共关系,辅以营业推广、人员推销
成长期	增进兴趣与偏爱	加强广告、人员推销,宣传产品特色,巩固、扩大市场
成熟期		加强公共关系,树立品牌形象
衰退期	促成信任购买	营业推广为主,辅以提示性广告、减价

(五)促销费用

不同的促销手段需要不同的促销费用。增加促销费用有利于扩大销售,但同时也增加了销售成本。能以较低的促销费用带来较高利润的营业组合即为理想的组合。

第二节 国际市场营销人员推广策略

一、人员推广的概念、要素及其特点

(一)人员推广的概念

根据美国市场营销协会的定义,人员推广是指企业通过派出销售人员与一个或一个以上的潜在消费者通过交谈,做口头陈述以推广产品,促进和扩大销售的活动。

(二)人员推广的要素

推广主体、推广客体和推广对象构成了人员推广活动的3个基本要素。产品的推广过程,就是推广人员运用各种推广手段说服推广对象接受推广客体的过程。

（三）人员推广的特点

相对于其他促销手段，人员推广具有以下特点。

① 注重人际关系，与消费者进行长期的情感交流。情感的交流与培养，必然使消费者产生惠顾动机，从而与企业建立稳定的购销关系。

② 具有较强的灵活性。推广人员可以根据各类消费者的特殊需求，设计有针对性的推广策略，诱发消费者的购买欲望，促成购买。

③ 具有较强的选择性。推广人员在对消费者调查的基础上，可以直接针对潜在消费者进行推广，从而提高推广效果。

④ 及时促成购买。推广人员在推广产品和劳务时，可以及时观察潜在消费者对产品和劳务的态度，予以反馈，从而迎合潜在消费者的需要，促成购买。

⑤ 市场营销功能的多样性。推广人员在推广产品的过程中，承担着寻找消费者、传递信息、销售产品、提供服务、收集信息、分配货源等多重任务，这是其他促销手段所没有的。

> **思考**
>
> 广州某食品出口企业外销人员小 A 参加国外某食品展览会，在展览会上小 A 当场请参展观众品尝新款即食面，并向观众介绍产品的原料、食用方法、价格等。美味的面条吸引了众多客户现场购买。请问：小 A 使用的是哪种促销方法？效果为什么会这么理想？

二、企业实施人员推广策略的注意事项

企业进行人员推广，必须做好以下事项。

（一）确定人员推广的目标

人员推广的目标主要包括以下几个。
① 发现并培养新消费者。
② 将企业有关产品和服务的信息传递给消费者。
③ 将产品推广给消费者。
④ 为消费者提供服务。
⑤ 进行市场调研，搜集市场情报。
⑥ 分配资源。

人员推广具体目标的确定，取决于企业面临的市场环境，以及产品生命周期

的不同阶段。

(二) 选择人员推广的方式

人员推广主要有以下方式。

① 推广人员对单个消费者。在这种方式下,推广人员当面或通过电话等形式向某个消费者推广产品。

② 推广员对采购小组。在这种方式下,一个推广人员向一个采购小组介绍推广产品。

③ 推广小组对采购小组。在这种方式下,一个推广小组向一个采购小组推广产品。

④ 会议推广。在这种方式下,通过洽谈会、研讨会、展销会或家庭聚会等方式推广产品。

(三) 确定人员推广队伍的组织结构

一般来说,可供选择的人员推广组织结构有以下几种。

1. 区域性结构

每一位(组)推广人员负责一定区域的推广业务。这种结构适用于产品和市场都比较单纯的企业。其主要优点是:推广人员负责明确,便于考核;推广人员活动地域稳定,便于与当地建立起密切联系;推广人员活动范围小,可节约差旅费用;容易熟悉当地市场,便于制定有针对性的推广策略;售后服务能做得比较到位。

2. 产品结构

每位推广人员(组)负责某种或某类产品的推广业务。其最大优点是能为顾客提供相对比较专业的服务。这种结构适用于产品技术性比较强、工艺复杂、对营销技术要求比较高的企业。

3. 消费者型结构

对不同类型的消费者配备不同的推广人员,这种结构的主要特点是能更深入地了解消费者的需求,从而为消费者提供差异化的服务。

4. 复合式结构

复合式结构就是将上述3种结构形式混合运用,有机结合。例如,按照"区域—产品""产品—顾客""区域—顾客",甚至"区域—产品—顾客"的形式进行组合,配备推广人员。其优点是能吸收上述3种形式的优点,从企业整体营销效益出发开展市场营销活动。这种形式比较适合那些消费者种类复杂、区域分散、产品比较多样化的企业。

第八章 国际市场营销促销策略

案例

广州某食品出口企业与美国总经销 B 公司合作开拓美国市场。美国总经销 B 公司根据经营的商品,将推广人员分为调味品、面条、糖果 3 个小组负责整个美国市场的销售。请问:美国总经销 B 公司使用的是哪种推广组织结构?为什么?

(四)建立人员推广队伍

1. 确定人员推广队伍的规模

企业人员推广队伍的规模必须适当。西方企业一般采用工作负荷量法确定人员推广队伍的规模。假设某企业有 250 个客户,如果每个客户每年平均需要 20 次登门推广,则全年需要 5 000 次登门推广。如果平均每位推广人员每年能上门推广 500 次,则该企业需要 10 名推广员。

2. 选拔、培训推广人员

企业的推广人员主要有两个来源,即企业内部选拔和从外部招聘。不管推广人员来自何方,一个合格的推广人员必须具备良好的思想政治素质、文化素养和较强的实际工作能力,以及适宜的个性素质。西方市场营销专家麦克墨里给超级推广人员列出了 5 项特质:"精力异常充沛、充满自信、经常渴望金钱、勤奋诚信,并有把各种异议、阻力和障碍看作是挑战的心理素质。"

企业必须对推广人员进行专业培训。推广人员培训的一般内容包括企业历史、现状、发展目标、产品知识、市场情况、推广技巧、法律常识和有关产品的生产技术与设计知识等。

3. 评价和激励推广人员

对推广人员的合理评价决定了推广人员的积极性。企业必须建立一套合理的评估指标体系,并随时注意收集有关的信息和资料。

合理的报酬制度是调动推广人员积极性的关键。确定推广人员的报酬应以推广绩效为主要依据,一般有以下几种形式:固定工资制、提成制、固定工资加提成制。由于推广工作的复杂性,固定工资加提成制是一种比较理想的选择。

调动推广人员的积极性除了要对推广人员的绩效给予合理的评价并给予合理的报酬外,对推广人员的激励也必不可少。对推广人员的激励手段主要有:奖金、职位的提升、培训机会、表扬及旅游度假等。

三、实施人员推广的步骤与策略

人员推广一般要经过 7 个步骤。

实施人员推广的步骤与策略

（一）寻找潜在消费者

寻找潜在消费者是指寻找有可能成为潜在购买者的消费者。潜在消费者是一个 MAN，即具有购买力（Money）、购买决策权（Authority）和购买欲望（Need）的人。寻找潜在消费者的主要方法有：向现有消费者打听潜在消费者的信息；培养其他能提供潜在消费者线索的来源，如供应商、分销商等；加入潜在消费者所在的组织；从事能引起人们注意的演讲与写作活动；查找各种资料来源（工商企业名录、电话号码黄页等）；用电话或信件追踪线索，等等。

（二）访问准备

在拜访潜在消费者之前，推广人员必须做好准备。其具体包括了解消费者；了解和熟悉推广的产品；了解竞争者及其产品；确定推广目标；制定推广的具体方案，等等。不打无准备之仗，充分的准备是推广成功的必要前提。

（三）接近消费者

接近消费者是推广人员征求消费者同意接受洽谈的过程。接近消费者能否成功是推广成功的先决条件。推广接近要达到3个目标：给潜在消费者一个良好的印象；验证在准备阶段所得到的信息；为推广洽谈打下基础。

（四）洽谈沟通

这是推广过程的中心。推广人员向消费者介绍产品，但不能仅限于让消费者了解产品，更重要的是要激起消费者的需求，产生购买的行为。养成 JEB 的商品说明习惯，能使推广工作事半功倍。所谓 JEB，简而言之就是首先说明商品的事实状况（Just fact），然后将这些状况中具有的性质加以解释说明（Explaintion），最后再阐述它的利益（Benefit），即能带给消费者的利益。熟练掌握商品推广的三段论法，能让推广工作变得非常有说服力。

市场营销人员在向潜在消费者展示、介绍商品时可采用5种策略。

① 正统法。正统法是指主要强调企业的声望和经验。

② 专门知识。专门知识是指主要表明对产品和对方情况有深刻了解。

③ 影响力。影响力是指可逐步扩大自己与对方共有的特性、利益和心得体会。

④ 迎合。迎合是指可向对方提供个人的善意表示，以加强感情。

⑤ 树立印象。树立印象是指在对方心目中建立良好的形象。

第八章　国际市场营销促销策略

（五）应付异议

推广人员应随时准备应付不同的意见。消费者异议表现在多个方面，如价格异议、功能异议、服务异议、购买时机异议等。有效地排除消费者异议是达成交易的必要条件。一个有经验的推广人员面对消费者争议，既要采取不蔑视、不回避、注意倾听的态度，又要灵活运用有利于排除消费者异议的各种技巧。

（六）达成交易

达成交易是推广过程的成果和目的。在推广过程中，推广人员要注意观察潜在消费者的各种变化。当发现对方有购买的意思表示时，要及时抓住时机，促成交易。为了达成交易，推广人员可提供一些优惠条件。

（七）事后跟踪

现代推广手段认为，成交是推广过程的开始。推广人员必须做好售后的跟踪工作，如安装、退换、维修、培训及顾客访问等。对于 VIP 客户，推广人员特别要注意与其建立长期的合作关系，实施关系营销。

> **思考**
>
> 某外贸公司业务人员小丁被公司派到英国参加某展览会，并要在展览会上推广公司的产品。请问：小丁在推广公司产品的过程中，应掌握哪些推广步骤？

四、人员推广书的制定

在国际市场营销中，如果进口商、批发商或零售商计划实施人员推广促销，则为了达到预期的销售目标，就必须制定人员推广书，如表 8.3 所示。

表 8.3　人员推广书

序　号	项　目	计　划
1	推广产品	
2	推广方式	
3	推广组织结构	
4	推广队伍	
5	推广步骤	

第三节　国际市场营销广告推广

一、广告的概念与作用

(一) 广告的概念

广告是广告主以付费的方式,通过一定的媒体有计划地向公众传递有关商品、劳务和其他信息,借以影响受众的态度,进而诱发或说服其采取购买行为的一种大众传播活动。

从以上定义可以看出,广告主要具有以下特点。

① 广告是一种有计划、有目的的活动。
② 广告的主体是广告主,客体是消费者或用户。
③ 广告的内容是商品或劳务的有关信息。
④ 广告的手段是借助广告媒体直接或间接地传递信息。
⑤ 广告的目的是促进产品的销售或树立良好的企业形象。

(二) 广告的作用

在当代社会,广告既是一种重要的促销手段,又是一种重要的文化现象。广告对企业、消费者和社会都具有重要作用。

1. 广告对企业的作用

(1) 传播信息,沟通产销

广告对企业的首要作用是沟通产销关系,所以如果一个企业不善于做广告,就好像在黑暗中向情人暗送秋波。

(2) 降低成本,促进销售

从绝对成本的角度看,在促销方式中广告的成本是最高的。但从相对成本的角度看,因为广告的大众化程度高,所以广告的成本又是比较低的。例如,可口可乐每年的巨额广告费平均分摊到每一个顾客身上只有0.3美分,但如果采用人员推广,其成本则需要60美元。据统计,在发达国家,每投入1元广告费,可有20至30元的收益。

(3) 塑造形象

广告是塑造企业形象的重要手段。

第八章　国际市场营销促销策略

> **思考**
>
> 广东食品出口公司主要出口产品为珠江桥牌酱油,该企业在海外的广告词为"食在中国味"。请问:该广告有几层意思?能否塑造该企业的海外形象?

2. 广告对消费者的作用

(1) 指导消费

消费者获取产品信息的来源主要有4种,即商业来源、公共来源、人际来源和个人来源。广告就是消费者最重要的商业来源。可以说,在现代社会,面对琳琅满目的产品,如果离开了广告,消费者将无所适从。

(2) 刺激需求

广告的一个重要作用就是刺激消费者的购买欲望,促使消费者对产品产生强烈的购买冲动。广告刺激的需求包括初级需求(primary need)和选择性需求(selective need)。初级需求是指通过广告宣传,促使消费者产生对某类产品的需求,如对电脑、汽车等的需求。选择性需求是指通过广告宣传,促使消费者产生对特定品牌的产品的需求,如联想电脑、宝马汽车等,引导消费者认牌购买。

> **思考**
>
> 广州某食品出口公司出口的产品为面条,主要目标市场为西亚的阿联酋。通过市场调研,发现在该市场中销售的面条除了来自中国的以外,还有来自马来西亚、越南、印度尼西亚的同类产品。请问:该企业在阿联酋做广告时,是否应该突出产品来自中国?为什么?

(3) 培养消费观念

广告引导着消费潮流,可以促使消费者树立起消费观念。

3. 对社会的作用

(1) 美化环境,丰富生活

优秀的路牌广告、POP广告、霓虹灯广告等美化了城市的形象,使都市的夜晚变得星光灿烂、绚丽多姿。因此,广告被称为现代城市的脸,优美的广告歌曲、绚丽的广告画、精彩的广告词也无不给人以艺术的享受。

(2) 影响意识形态,改变道德观念

据调查,一个美国人从出生到18岁在电视中看到的广告长达1 800多个小时,相当于一个短期大学所用的学时。因此,广告对社会的价值观念、文化传承都具有非常重要的作用。

二、广告促销方案的制定

尽管广告在市场促销中的作用存在着争论,国内的企业家对做不做广告表现得非常无奈,发出"不做广告是等死,做广告是找死"的感叹,但在表现市场上,国内企业对广告始终情有独钟。这从中央电视台每年黄金时段的广告招标金额节节攀升可见一斑。

显然,市场早已走出了"酒好也怕巷子深"的时代,当代企业所要考虑的并不是要不要做广告的问题,而是如何做出精品广告,从而赢得消费者对广告中产品的信任问题。这需要企业进行科学的广告决策。

企业的广告决策,一般包括5个重要的步骤,简称5M。

(一) 确定广告目标(Mission)

企业广告决策的第一步是确定广告的目标。广告目标是指企业通过广告活动要达到的目的。其实质是要在特定的时间对特定的目标受众完成特定内容的信息传播,并获得目标受众的预期反应。

企业的广告目标取决于企业的整个市场营销目标。由于企业市场营销任务的多样性和复杂性,企业的广告目标也是多元化的。美国市场营销专家罗希尔·科利在《确定广告目标、衡量广告效果》一书中曾列举了52种不同的广告目标。

根据产品生命周期不同阶段中广告的作用和目标的不同,一般可以把广告的目标大致分为告知性、劝说性和提示性三大类。

1. 告知性广告

告知性广告(Information Advertising)主要用于向市场推销新产品,介绍产品的新用途和新功能、宣传产品的价格变动、推广企业新增的服务,以及新企业开张等。告知性广告的主要目标是为了促使消费者产生初始需求(Primary Demand)。

2. 劝说性广告

在产品进入成长期、市场竞争比较激烈的时候,消费者的需求是选择性需求(Selective Demand)。这时企业广告的主要目标是促使消费者对本企业的产品产生"偏好"。其具体包括劝说消费者购买自己的产品、鼓励竞争对手的消费者转向自己、改变消费者对产品属性的认识,以及使消费者有心理准备,乐于接受人员推广等。劝说性广告(Peranssive Advertising)一般通过现身说法、权威证明、比较等手法说服消费者。

3. 提示性广告

提示性广告(Reminder Advertising)是在产品的成熟期和衰退期使用的主要

广告形式,目的是提示消费者购买。例如,提醒消费者购买本产品的地点,提醒人们在淡季时不要忘记该产品,提醒人们在面对众多新产品时不要忘记继续购买本产品等。

> **思考**
>
> 深圳某电器出口企业2019年推出餐厅服务机器人产品,该产品属于最新研发的产品,可以帮助餐厅减少服务人员,提高工作效率。请问:该企业是否需要在海外市场推出广告?该广告属于哪种性质的广告?

(二) 制定广告预算(Money)

广告目标确定后,企业必须确定广告预算。广告预算是否合理对企业是一个至关重要的问题。预算太少,广告目标不能实现;预算太多,又会造成浪费,有时候甚至会决定企业的命运。

确定广告预算的方法主要有4种,即量力支出法、销售额百分比法、目标任务法和竞争对等法。为了使广告预算符合广告计划的需要,企业在确定广告预算时必须充分考虑以下因素。

1. 产品生命周期

产品的投放期和成长前期的广告预算一般较高,在成熟期和衰退期的广告预算一般较低。

2. 市场占有率的高低

市场占有率较高,广告预算的绝对额就越高,但面向广大消费者的产品的人均广告费用却比较低;反之,市场占有率越低的产品,广告预算的绝对额也就较低,但人均广告费并不低。

3. 竞争的激烈程度

广告预算的多少与竞争激烈程度的强弱成正比。

4. 广告频率的高低

广告频率的高低与广告预算的多少成正比。

5. 产品的差异性

高度同质性的产品,消费者不管购买哪家企业生产的都一样,广告的效果就不明显,因为具有一定的垄断性,不做广告也会取得较好的销售效果,所以广告预算低;而高度差异性的产品,因为具有一定的差异性,但这种差异又不足以达到垄断地位,所以市场竞争激烈,广告预算反而应该比较高。

(三) 确定广告信息(Message)

广告的效果并不主要取决于企业投入的广告经费,关键在于广告的主题和

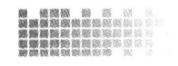

创意。广告主题决定了广告表现的内容,广告创意决定了广告表现的形式和风格。只有广告主题迎合目标受众的需求,广告创意具有独特性,广告才能引人注意,并给目标受众带来美好的联想,从而促进销售。

广告信息的决策一般包括3个步骤。

1. 确定广告的主题

广告主题是广告所要表达的中心思想。广告主题应当显示产品的主要优点和用途,以吸引消费者。对于同一类商品,可以从不同角度提炼不同的广告主题,以满足不同消费者的需要和同一消费者的不同需要。

广告信息的产生可以通过对消费者、分销商、有关专家甚至竞争对手的调查获得创意。西方的市场营销专家认为,消费者购买商品时期望从中获得4种不同的利益:理性的、感性的、社会的和自我实现的。产品使用者从使用后效果的感受、使用中效果的感受和附加效用的感受3种途径中实现这些满足。将上述4种利益和3种途径结合起来,即可产生12种不同的广告信息,从每一种广告信息中即可获得一个广告主题。在企业广告活动中,常用的广告主题主要有快乐、方便、传统、健康、3B(宠物、小孩和美女)等。根据国外广告专家的调查结果,广告的主题主要有食欲、健康、快乐、名望、安全、经济等44种。

2. 广告信息的评估与选择

一个好的广告总是集中于一个中心的促销主题,而不必涉及太多的产品信息。"农夫山泉有点甜",就以异常简洁的信息在受众中留下深刻的印象。如果广告信息过多、过杂,消费者往往不知所云。

广告信息的载体就是广告文案。对广告文案的评估标准有很多,但一般要符合3点要求:具有吸引力,即广告信息首先要使人感兴趣,引人入胜;具有独特性,即广告信息要与众不同,独具特色,不要人云亦云;具有可靠性,广告信息必须从实际出发,实事求是,不要以偏概全、夸大其词,甚至无中生有。只有全面客观的广告传播,才能增加广告的可信度,才能持久地建立企业和产品的信誉。

3. 广告信息的表达

广告信息的效果不仅取决于"说什么",更在于怎么说,即广告信息的表达。广告表现的手段包括语言手段和非语言手段。广告表现要做到图文并茂,善于提供不同产品的不同广告定位,把语言手段和非语言手段有机地结合起来。

（四）选择广告媒体

广告表现的结果就是广告作品,广告作品只有通过恰当的广告媒体投放才能实现广告表现的目标。

广播、电视、报纸和杂志是传统的四大大众传播媒体,因特网被称为第五大大众传播媒体。除大众传播媒体以外,还有招牌、墙体等户外媒体,车身、车站等

第八章　国际市场营销促销策略

交通媒体、信函、传单等直接媒体。

广告媒体的选择(select)，主要依据以下因素。

1. 广告产品的特征

一般生产资料类产品宜选择专业性的报纸、杂志等媒体；而生活资料类产品则适合选择生动形象、感染力强的电视媒体和印刷精美的彩色杂志等媒体。

2. 目标市场的特征

(1) 目标市场的范围

全国性市场适合选择全国性媒体，如中央电视台、经济日报等；区域性市场适合选择地区性媒体，如广州日报、广州电视台等。

(2) 目标市场的地理区域

农村市场需要选择适合农民的媒体，如《南方农村报》等；城市市场则适合选择都市类媒体，如《南方都市报》等。

(3) 目标市场的媒体习惯

每种媒体都有自己独特的定位，每类消费者也都有自己的媒体习惯，所以媒体选择要有针对性。例如，针对中产阶层的广告，适合选择《新快报》等时尚类媒体。

3. 广告目标

以扩大市场销售额为目的的广告应选择时效性快、表现性强、针对性强的媒体；树立形象的广告则适合选择覆盖广、有效期长的媒体。

4. 广告信息的特征

情感诉求的广告适合选择广播、电视等媒体；理性诉求的广告适合选择报纸、杂志等印刷类媒体。

5. 竞争对手的媒体使用情况

一般情况下，应尽可能避免与竞争对手选择同一媒体，特别是同种媒体的同一时段或同一版面。例如，如果华为手机和小米手机的广告登在同一种报纸的同一版面上，或者在电视的同一时段投放，效果就可能大打折扣。

6. 广告媒体的特征

各类广告媒体都有各自的广告适应性，如电视的优势是生动形象、时效性强、多手段传播，但不易保存、费用高；报纸价格便宜、易保存，但不生动。选择广告媒体一定要对各类媒体广告的特性有充分的把握。

7. 国家广告法规

广告法规关于广告媒体的规定是选择广告媒体的重要依据。

> **思考**
>
> 请问:广告媒体的选择应考虑哪些因素?

(五) 评估广告的效果

评估(measurement)广告的效果主要体现在3个方面,即广告的传播效果、广告的促销效果和广告的社会效果。广告的传播效果是前提和基础,广告的促销效果是核心和关键,企业的广告活动也不能忽视对社会风气和价值观念的影响。

1. 对广告的传播效果的评估

这是指主要评估广告是否将信息有效地传递给目标受众。这种评估在传播前和传播后都应进行。传播前,既可采用专家意见综合法,由专家对广告作品进行评定,也可采用消费者评判法,聘请消费者对广告作品从吸引力、易读性、好感度、认知力、感染力和号召力等方面进行评分。传播后,可再邀请一些目标消费者,向他们了解广告的阅读率或视听率,以及对广告的回忆状况等。

2. 对广告的促销效果的评估

促销效果是广告的核心效果,主要测定广告所引起的产品销售额及利润的变化状况。测定广告的促销效果一般可以采用比较方法,即在其他影响销售的因素一定的情况下,比较广告后和广告前销售额的变化;或者其他条件基本相同的甲和乙两个地区,在甲地做广告而在乙地不做广告,然后比较销售额的差别,以此判断广告的促销效果。

3. 对广告的社会效果的评估

这是指主要评估广告的合法性及广告对社会文化价值观念的影响。一般可以通过专家意见法和消费者评判法进行评估。

案例

世界经典广告语

雀巢咖啡:味道好极了

这是人们最熟悉的一句广告语,也是人们最喜欢的广告语。它简单而又意味深远,朗朗上口。

M&M 巧克力:只溶在口,不溶在手

这是著名广告大师伯恩巴克的灵感之作,堪称经典,流传至今。它既反映了M&M 巧克力糖衣包装的独特的卖点,又暗示了 M&M 巧克力口味好,以至于我们不愿意使巧克力在手上停留片刻。

百事可乐:新一代的选择

在与可口可乐的竞争中,百事可乐终于找到突破口,他们从年轻人身上发现了市场,把自己定位为新生代的可乐,邀请新生代喜欢的超级歌星作为自己的品牌代言人,终于赢得了青年人的青睐。

大众甲壳虫汽车:想想还是小的好

20世纪60年代的美国汽车市场是大型车的天下。伯恩巴克提出think small的主张拯救了大众的甲壳虫。它运用广告的力量,改变了美国人的观念,使美国人认识到了小型车的优点。

耐克:just do it

耐克通过以just do it 为主题的系列广告和篮球明星乔丹的明星效应,迅速成为体育用品的第一品牌。

第四节 国际市场营销营业推广

一、营业推广的概念与作用

(一)营业推广的概念

营业推广(sale promotion)又称销售促进,是指那些不同于人员推广、广告和公共关系的销售活动,它旨在激发消费者购买和促进分销商的效率,如陈列、展出、展览表演和许多非常规的、非经常性的销售尝试。

(二)营业推广的作用

1. 可以吸引消费者购买

这是营业推广的首要目的,尤其是在推出新产品和吸引新消费者方面,由于营业推广的刺激比较强,所以较易吸引消费者的注意力,使顾客在了解产品的基础上采取购买行为,并且也可能使消费者追求某些方面的优惠而使用产品。

2. 可以奖励品牌忠实者

因为营业推广的很多手段,如销售奖励、赠券等通常都附带价格上的让步,其直接受惠者大多是经常使用本品牌产品的消费者,从而使他们更乐于购买和使用本企业的产品,以巩固企业的市场占有率。

3. 可以实现企业的市场营销目标

这是企业的最终目的。营业推广实际上是企业让利于购买者,它可以使广告宣传的效果得到有力的增强,破坏消费者对其他企业产品的品牌忠诚度,从而达到本企业产品销售的目的。

虽然营业推广在销售过程中起到了很大的作用,但也存在着以下不足之处。

① 影响面积小。它只是广告和人员销售的一种辅助的促销方式。

② 刺激强烈,但时效较短。它是企业为创造声势获取快速反应的一种短暂的促销方式。

③ 顾客容易产生疑虑。过分渲染或长期频繁使用,容易使顾客产生疑虑,反而对产品或价格的真实性产生怀疑。

二、营业推广的主要特点

营业推广的主要特点如下。
① 营业推广是一种强烈刺激需求、扩大销售的活动。
② 营业推广是一种辅助性质的、非常规性的促销方式。
③ 营业推广不能单独使用,需要与其他促销方式配合使用。
④ 营业推广适合于特定时期或特定任务的短期性促销。

三、营业推广的方式

(一)面向消费者

1. 赠送促销

赠送促销是指向消费者赠送样品或试用品。赠送样品是介绍新产品最有效的方法,缺点是费用高。样品既可以选择在商店或闹市区散发,或者在其他产品中附送,也可以通过广告赠送。

2. 折价券

折价券是指在购买某种产品时,持券可以免付一定的金额。折价券可以通过广告或直邮的方式发送。

3. 包装促销

包装促销是指以较优惠的价格提供组合包装和搭配包装的产品。

4. 抽奖促销

抽奖促销是消费者购买一定的产品之后可以获得抽奖券,凭券进行抽奖可获得奖品或奖金。抽奖可以有各种形式。

5. 现场演示

现场演示是指企业派促销员在销售现场演示本企业的产品,向消费者介绍产品的特点、用途和使用方法等。

6. 联合推广

联合推广是指企业与零售商联合促销,将一些能现实企业优势和特征的产品在商场集中陈列,边展销边销售。

7. 参与促销

参与促销是指通过消费者参与各种促销活动,如技能竞赛、知识比赛等活动获取企业的奖励。

8. 会议促销

会议促销是指各类展销会、博览会、业务洽谈会期间的各种现场产品介绍、推广和销售活动。

案例

我国最大的电器销售商——苏宁电器在营业推广上的促销手段花样百出,首先联合多家银行在家电消费领域实现分期付款;其次发放消费者券、积分卡等;再次开创了苏宁电器VIP卡和银行卡绑定的先河;最后一大亮点就是每逢元旦、春节、国庆、店庆等重大日子,苏宁电器都会举行隆重的特卖会,在特卖会现场除了能看到国外品牌的特价优惠产品外,在购买结束后还能凭购买发票领取相应的赠品,赠品都是家庭日常用的必需品,所以得到了家庭主妇的青睐。

思考

广东省进出口公司在毛里求斯市场推出新产品——蚝油,为了扩大销售,公司决定消费者每购买一瓶蚝油,赠送一瓶150 mL酱油。请问:该公司使用的是哪种营业推广方式?有哪些特点?

案例

广东省进出口公司为了扩大澳大利亚市场中式调味品的销售,特组织了一场中式菜肴烹饪活动,邀请当地的家庭参加,由中餐厨师现场烹饪,并邀请大家品尝,最后请大家购买该公司的调味品。请问:该公司使用的哪种营业推广方式?有哪些特点?

(二)面向分销商

1. 批发回扣

企业为争取批发商或零售商多购进自己的产品,在某一时期内给经销本企业产品的批发商或零售商加大回扣比例。

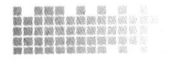

2. 推广津贴

企业为促进分销商购进企业产品并帮助企业推销产品,可以支付给分销商一定的推广津贴。

3. 销售竞赛

根据各个分销商销售本企业产品的实绩,分别给优胜者以不同的奖励,如现金奖励、实物奖励、免费旅游、度假奖等,以起到激励的作用。

4. 扶持零售商

生产商对零售商专柜的装潢予以资助,提供 POP 广告,以强化零售网络,促使销售额增加;可派遣厂方信息员或代培训销售人员。生产商这样做目的是提高分销商推销本企业产品的积极性和能力。

(三)面向内部员工

这主要是指针对企业内部销售人员,鼓励他们热情推销产品或处理某些老产品,或者促使他们积极开拓新市场。一般可采用的方法有:销售竞赛、免费提供人员培训、技术指导等。

四、营业推广步骤

(一)确定营业推广目标

营业推广目标的确定,就是要明确推广的对象是谁,要达到的目的是什么。只有知道推广的对象是谁,才能有针对性地制定具体的推广方案。例如,是以达到培养忠诚度为目的,还是以鼓励大批量购买为目的。

(二)选择营业推广工具

营业推广的方式方法很多,但如果使用不当,就会适得其反。因此,选择合适的推广工具是取得营业推广效果的关键因素。企业一般要根据目标对象的接受习惯和产品特点、目标市场状况等来综合分析、选择推广工具。

(三)推广的配合安排

营业推广要与市场营销沟通的其他方式(如广告、人员销售等)整合起来,相互配合、共同使用,从而形成营业推广期间的最大声势,取得单项推广活动达不到的效果。

（四）确定推广时机

营业推广的市场时机选择很重要,如季节性产品、节日、礼仪产品,必须在季前、节前做营业推广,否则就会错过时机。

（五）确定推广期限

这是指营业推广活动持续时间的长短。推广期限要恰当,过长会使消费者新鲜感丧失,产生不信任感;过短会使一些消费者来不及感受营业推广的实惠。

小知识

推广的3H1F

推广是由3个H和1个F组成的:第一个H代表"头"(Head),表示推广人员需要有学者的头脑,必须深入了解消费者的生活形态、价值观,以及购买动机等,否则就不能成为推广高手;第二个H代表"心"(Heart),表示推广人员要有艺术家的心,对事物具有敏锐的洞察力,能经常对事物感到一种惊奇和感动;第三个H代表"手"(Hand),表示推广人员要有技术员的手,推广人员是业务工程师,对于自己推广的产品的构造、品质、性能、制造工艺等,必须有充分的了解;F代表"脚"(Foot),表示推广人员要有劳动者的脚,不管何时何地,只要有消费者、有购买力,推广人员就要不辞劳苦,任何地方都能去。

因此,具有"学者的头脑""艺术家的心""技术员的手"和"劳动者的脚"是一个推广人员的基本条件。

在国际市场营销中,人员推广是在进口国由进口商、批发商或零售商组织实施的。一般地说,应该根据产品的特征、进口商、批发商和零售商的实际经济状况,从上述市场营销组织形式中选择最适合的形式,以达到最佳市场营销效果。

第五节 国际市场营销公共关系

一、公共关系的概念、要素及特征

（一）公共关系的概念

从国际市场营销的角度讲,公共关系(简称公关)是指企业利用各种传播手段,沟通内外部关系,塑造良好形象,为企业的生存和发展创造良好环境的经营管理艺术。

(二) 公共关系的要素

公共关系的构成要素分别是社会组织、传播和公众,它们分别作为公共关系的主体、中介和客体相互依存。社会组织是公共关系的主体,是指执行一定社会职能、实现特定的社会目标,构成一个独立单位的社会群体。在市场营销中,公共关系的主体就是企业;公众是公共关系的客体,是面临相同问题并对组织的生存和发展有着现实或潜在利益关系与影响力的个体、群体及社会组织的总和。企业在经营和管理中必须注意处理好与员工、顾客、媒体、社区、政府、金融等各类公众的关系,为自己创造良好和谐的内外环境。

(三) 公共关系的特征

作为一种促销手段,公共关系与前述其他手段相比具有自己的特点。

1. 注重长期效应

企业要通过公关活动树立良好的社会形象,从而创造良好的社会环境。这是一个长期的过程。良好的企业形象能为企业的经营和发展带来长期的促进效应。

2. 注重双向沟通

在公关活动中,企业一方面要把本身的信息向公众进行传播和解释,另一方面也要把公众的信息向企业进行传播和解释,使企业和公众在双向传播中形成和谐的关系。

3. 可行度高

相对而言,大多数人认为公关报道比较客观,比企业的广告更加可信。

4. 具有戏剧性

经过特别策划的公关事件,容易成为公众关注的焦点,可使企业和产品戏剧化,引人入胜。

5. 第三方实施

公共关系是由企业以外的第三方实施的,一般不宜由企业第一时间出现在消费者的面前。

二、公共关系的实施

公共关系活动需要经历以下步骤。

（一）确定公关目标

进行公共关系活动要有明确的目标。目标明确是公共关系活动取得良好效果的前提条件。企业的公关目标因企业面临的环境和任务的不同而不同。一般来说，企业的公关目标主要有以下几类。

① 新产品、新技术开发之中，要让公众有足够的了解。
② 开辟新市场之前，要在新市场所在地的公众中宣传企业的声誉。
③ 转产其他产品时，要树立企业的新形象，使之与新产品相适应。
④ 参加社会公益活动，增加公众对企业的了解和好感。
⑤ 开展社区公关，与企业所在地的公众沟通。
⑥ 本企业的产品或服务在社会上造成不良影响后，进行公共关系活动以挽回影响。
⑦ 创造一个良好的消费环境，在公众中普及与本企业有关的产品或服务的消费方式。

（二）确定公关对象

公关对象的选择就是公众的选择。公关的对象决定于公关目标，不同的公关目标决定了公关传播对象的侧重点不同。如果公关目标是提高消费者对本企业的信任度，那么毫无疑问，公关活动应该重点根据消费者的权利和利益要求进行；如果是企业与社区关系出现摩擦，那么公关活动就应该主要针对社区公众进行。选择公关对象要注意两点：一是侧重点是相对的，企业在针对某类对象进行公关活动时不能忽视了与其他公众的沟通；二是在某些时候（如企业出现重大危机等），企业必须加强与各类公关对象的沟通，以赢得各方面的理解和支持。

（三）选择公关方式

在不同的公关状态和公关目标下，企业必须选择不同的公关方式，以便有效地实现公共关系目标。一般来说，供企业选择的公关方式主要有以下两类。

1. 战略性公关方式

下列 5 种公关方式主要针对企业面临的不同环境和公关的不同任务，因为从整体上影响企业形象，所以属于战略性公关。

（1）建设性公关

建设性公关适用于企业初创时期或新产品、新服务首次推出之时，主要功能是扩大企业知名度，让公众对企业树立良好的第一印象。

（2）维系性公关

维系性公关适用于企业稳定发展之际，是用以巩固良好企业形象的公关方式。

(3) 进攻性公关

进攻性公关是企业与外部环境发生摩擦冲突时所采用的一种公关方式,主要特点是主动。

(4) 防御性公关

防御性公关是企业为防止自身公共关系失调而采取的一种公关方式,适用于企业与外部环境出现了不协调或摩擦苗头时,主要特点是防御与引导相结合。

(5) 矫正性公关

矫正性公关是企业遇到风险时采用的一种公关方式,适用于企业公共关系严重失调、企业形象严重受损的时候,主要特点是及时。

> **思考**
>
> 某进出口公司销往毛里求斯市场的酱油被发现含有 3-MPCD 致癌化学物质,经过质量整改后,该企业通过协商,由当地卫生主管部门登报公布质检报告。请问:该公司使用的是哪种公共关系方式?有哪些特点?

2. 策略性公关方式

下列 5 种公关方式属于策略性公关。

(1) 宣传性公关

这是运用大众传播媒介和内部沟通方式开展宣传工作,树立良好企业形象的公共关系方式,分为内部宣传和外部宣传。

(2) 交际性公关

这是通过人际交往等开展公共关系的方式,目的是通过人与人的直接接触,进行感情上的联络。其方式是开展团队交流和个人交往。

(3) 服务性公关

这是以提供优质服务为主要手段的公共关系活动方式,目的是以实际行动获得社会公众的了解和好评。这种方式最显著的特征在于实际的行动。

(4) 社会性公关

这是指利用举办各种社会性、公益性、赞助性活动开展公关。它带有战略性特点,着眼于整体形象和长远利益。其方式有 3 种:一是以企业本身为中心开展的活动,如周年纪念等;二是以赞助社会福利事业为中心开展的活动;三是资助大众传播媒介举办的各种活动。

(5) 征询性公关

这是以提供信息服务为主的公关方式,如市场调查、咨询业务、设立监督电话等。

> **思考**
>
> 浙江某茶叶公司销往非洲某国的骆驼牌绿茶深受当地消费者喜欢,该企业邀请当地音乐家专门谱写了有关该茶叶的歌曲,在当地中学生中传唱。请问:该公司使用的是哪种公关关系方式?

(四)实施公关方案

实施公共关系方案的过程就是把公关方案确定的内容变为现实的过程,是企业利用各种方式与各类公众进行沟通的过程。实施公关方案是开展公关活动的关键环节。再好的公关方案,如果没有实施,都只能是"镜中花,水中月",没有任何价值。

实施公关方案,需要做好以下工作。

1. 实施前的准备

任何公共关系方案在实施前,都要做好充分的准备。这是保证公共关系实施成功的关键。公关的准备工作主要包括公关方案实施人员的培训、公关方案实施的资源配备等。

2. 消除沟通障碍,提高沟通的有效性

公共关系传播中存在着方案本身的目标障碍,实施过程中语言、风俗习惯、观念和信仰的差异及传播时机不当、组织机构臃肿等多方面形成了沟通障碍及突发事件的干扰等影响因素。消除不良影响因素,是提高沟通效果的重要条件。

3. 加强公关方案实施的控制

企业的公关方案的实施如果没有有效地控制,就会产生偏差,从而影响公关目标的实现。公关方案实施中的控制主要包括对人力、物力、财力、时机、进程、质量、阶段性目标及突发事件等方面的控制。公关方案实施中的控制一般包括制定控制标准、衡量实际绩效、将实际绩效与既定标准进行比较和采取纠偏措施4个环节。

(五)评估公关效果

公共关系评估就是根据特定的标准,对公共关系计划、实施及效果进行衡量、检查、评估和估计,以判断其成效。需要说明的是,公共关系评估不是在公关方案实施后才评估效果的,而是贯穿于整个公关活动之中。

公关关系评估包括如下内容。

1. 公共关系程序的评估

这是指对公共关系的调研过程、公关计划的制订过程和公关方案实施过程的合理性与效益性做出客观的评估。

2. 专项公共关系活动的评估

这主要包括对企业日常公共关系活动效果的评估、企业单项公共关系活动(如联谊活动、庆典活动等)效果的评估、企业年度公共关系活动效果的评估等。

3. 公共关系状态的评估

企业的公共关系状态包括舆论状态和关系状态两个方面。企业需要从内部和外部两个角度对企业的舆论状态和关系状态进行评估。

国际市场营销促销策略常用英文

① promotion 促销

② personal promotion 人员推广

③ advertisement 广告

④ consumption 消费

⑤ consumer 消费者

⑥ reward 奖励

⑦ coupon 赠券

⑧ public relations 公共关系

⑨ crisis 危机

⑩ broadcast 广播

⑪ television 电视

⑫ newspaper 报纸

⑬ magazine 杂志

⑭ discount 折扣

⑮ lucky draw 抽奖

相关链接

广告信息的表现风格

任何一个广告信息都可以用不同的表现风格加以表现。例如,生活片段,表现人们在日常生活中正在满意地使用某产品;生活方式,借助广告形象强调产品如何适应人们的某种生活方式;音乐,包括背景音乐和广告歌曲;幻想,针对本产品或其用途,设计出一种幻想意境;气氛,为产品制造可以引起某种联想的氛围,给人以暗示;人格化,创造一个人物或拟人化的形象来代表或象征某产品;专门技术,表现企业在生产某产品过程中的技术和专长;科学证据,借助于科学研究成果或调查证明,表现产品的优越之处;旁证,由值得信赖的权威人士推荐或普通用户的"现身说法",证明产品的功能和用途。

广告中的语言和非语言因素

语言在广告中的作用是其他任何手段所不及的,因为语言可以准确、精炼、完整、扼要地传达广告信息。例如,铁达时手表的"不在乎天长地久,只在乎曾经拥有"、统一润滑油的"多一份润滑,少一份摩擦"、中国移动通信公司的"我的地盘听我的"等简明扼要,又朗朗上口,都取得了意想不到的效果。非语言就是语言以外的、可以传递信息的一切手段,主要包括构图、色彩、音响、体语等。

习题

一、单项选择题

1. 通过创意新、高投入、大规模的广告轰炸,直接诱发消费者的购买欲望,这属于( )。
   A. 拉式策略　　B. 推式策略　　C. 需求策略　　D. 供应策略
2. 以下不属于营业推广的方式的是( )
   A. 赠送促销　　B. 折扣券　　　C. 联合推广　　D. 宣传策略
3. 介绍产品的新用途和新功能、宣传产品的价格变动、推广企业新增的服务,以及新企业开张等,这是( )。
   A. 告知性广告　B. 劝说性广告　C. 提示性广告　D. 视广告
4. 以下( )不属于人员推广的步骤。
   A. 访问准备　　B. 接近顾客　　C. 洽谈沟通　　D. 开拓市场
5. 国际促销手段组合的影响因素不包括( )。
   A. 促销目标
   B. 消费者对于产品购买阶段的选择
   C. 产品所处生命周期阶段
   D. 消费者特点

二、简述题

1. 简述国际市场营销人员推广的基本步骤。
2. 简述国际市场营销人员推广的特点。
3. 简述公共关系的特点。

三、案例分析题

1. 日本大阪新电机日本桥分店,有个独特的广告妙术——每逢暴雨骤至之时,店员们马上把雨伞架放置在商店门口,每个伞架有30把雨伞,伞架上写着:"亲爱的顾客,请自由取用,并请下次来店时带来,以利其他顾客。"未带雨伞的顾客顿时愁眉舒展,欣然取伞而去。当有人问及,如果顾客不将雨伞送回怎么办?经理回答说:"这些雨伞都是廉价的,而且伞上都印有新电机的商标。因此,即使顾客不送也没关系,就是当做广告也是值得的。这对商店来说,是惠而不费的美事。"

问题:分析本例中的广告有何特点?其成功之处何在?

2. 谈到知名度,论名气,上海牌电视机生产企业上海广播器材厂在国内是颇享盛名的。国产第一台黑白电视机、彩色电视机均是在这里生产的。这里可谓中国电视机工业的摇篮。如此厂史,再凭近年来开发的门类齐全的电视机新品的强大"阵容",也值得庆贺宣传一番。然而这家工厂在盛名之下,却不倚功自诩,而是别开生面地举行"揭短会",邀请对该厂产品有意见的用户来"挑刺找骨头"。这一扬家丑之举,不仅没有损及企业形象,相反通过自我"曝光"赢得了用户的信任感,体现了大将风度,并且从另一个角度提高了企业知名度和美誉度。

问题:结合本例,谈谈企业"扬丑""揭短"为什么能建立信誉,提高企业知名度和美誉度?

参 考 文 献

[1] 刘红燕. 国际市场营销[M]. 重庆:重庆大学出版社,2014.
[2] 费明胜,郝渊晓. 国际市场营销[M]. 广州:华南理工大学出版社,2005.
[3] 寇小萱,王永萍. 国际市场营销学[M]. 北京:首都经济贸易大学出版社,2013.
[4] 张静中,曾峰,高杰. 国际市场营销学[M]. 北京:清华大学出版社,北京交通大学出版社,2007.
[5] 谢琼,吴明杰. 国际市场营销[M]. 北京:北京理工大学出版社,2007.
[6] 方志坚,章金萍. 营销策划实务与实训[M]. 北京:中国人民大学出版社,2017.
[7] 倪军. 国际市场营销[M]. 南京:南京大学出版社,2015.
[8] 张燕. 国际市场营销[M]. 大连:大连理工大学出版社,2018.
[9] 苏亚民. 现代市场营销学[M]. 北京:中国商务出版社,2008.
[10] 余源,潘俊. 新编市场营销教程[M]. 北京:北京交通大学出版社. 2010.
[11] 菲利普·科特勒,凯文·莱恩·凯勒. 营销管理[M].13版. 杜清豪,译. 上海:格致出版社,上海人民出版社,2009.
[12] 李威,王大超. 国际市场营销学[M]. 北京:机械工业出版社,2015.
[13] 刘爱珍. 国际市场营销学[M]. 北京:首都师范大学出版社,2008.